medicina prehispánica de México

POR LA SUPERACIÓN DEL SER HUMANO Y SUS INSTITUCIONES

medicina prehispánica de México

El conocimiento médico de los nahuas

Carlos Viesca T.

PANORAMA EDITORIAL

MEDICINA PREHISPANICA DE MEXICO

Portada:
Dibujo: Heraclio Ramírez

Primera edición: 1992
Cuarta reimpresión: 2000

Manuel Ma. Contreras 45-B
Col. San Rafael 06470 - México, D.F.

Tels.: 55-35-93-48 • 55-92-20-19
Fax: 55-35-92-02 • 55-35-12-17
e-mail: panorama@iserve.net.mx
http://www.panoramaed.com.mx

Printed in Mexico
Impreso en México
ISBN 968-38-0314-8

Indice

índice

Prefacio

Este libro ofrece al lector una imagen somera de la medicina náhuatl. Esto es importante hoy en día, por dos razones: la existencia en nuestro país de alrededor de quince millones de indígenas entre quienes se conservan vivas prácticas y creencias procedentes de tiempos pasados, lo que hace de muchos de los aspectos de la medicina náhuatl problemas de absoluta actualidad, y la necesidad cada vez más imperiosa que tenemos de ahondar en las raíces culturales de nuestra mexicanidad. Exótica a los ojos de los estudiosos de otros tiempos y de otros continentes, la medicina náhuatl ha venido poco a poco dejando ver su realidad. Se han manifestado su racionalidad y el profundo conocimiento de la naturaleza en el que se basaba; la congruencia existente entre componentes que antes parecían desvinculados entre sí; el rigor para escoger los medicamentos precisos para corregir tal o cual desorden; el caudal de sus conocimientos; lo original de sus conceptos. Todo ello expresión profunda de una cultura rica y milenaria.

Dada la escasez de fuentes de información escritas y la imposibilidad de establecer un discurso articulado y sólido en relación a lo que fueron las medicinas prehispánicas del altiplano central mexicano antes del apogeo de los mexica, me he circunscrito a abordar el tema de la medicina náhuatl precisamente en el período correspondiente a los últimos momentos previos a la conquista española, es decir el primer cuarto del siglo XVI.

Debe advertirse que la mayor parte de los documentos que han llegado a nosotros son posteriores; pero, procediendo de manos de indígenas educados todavía en la cultura de sus antepasados, contienen datos que con más o menos dificultad se pueden ubicar en su contexto y separar de los componentes europeos que para entonces ya se habían impuesto algunos, infiltrado otros, en su cultura.

¿Por qué medicina náhuatl y no mexica? Esta pregunta es de evidente importancia, ya que estamos acostumbrados a considerar a los mexicas, mal llamados aztecas, como el prototipo de las culturas precolombinas en el México central. Sin embargo esto no es tan verdadero como a veces se pretende. Recordemos que los mexicas fueron un pueblo llegado tardíamente al Valle de México y que Tenochtitlan tenía solamente tres siglos de fundada cuando fue subyugada por Cortés. Recordemos asimismo que, si bien los mexicas imprimieron un sello particular a su cultura, ésta manifestaba rasgos provenientes de culturas mucho más antiguas y que entre dichos rasgos se contaba precisamente la medicina. Los legendarios toltecas fueron sus inventores al decir de los indígenas a quienes se preguntó por los orígenes. Más aún, a Cipactonal, la mujer de la primera pareja, quizás mejor dicho el arquetipo de la mujer, es a quien se atribuye el inicio del arte de curar. Tzapotlatenan, la diosa, está también involucrada en la práctica de tratamientos y en el descubrimiento de las virtudes curativas del *óxitl*, sustancia hecha a base de resina de pino. La medicina era mucho más vieja que México-Tenochtitlan. Al llamarla náhuatl pretendemos —y hablo en plural pues éste es el sentir de varios estudiosos de la materia— señalar el hecho de que trasciende, en el tiempo y el espacio las fronteras del dominio mexica, que integra elementos provenientes de todas las grandes culturas que habían antes existido, y que fue extendida, más por prestigio que por imposición, hasta áreas nunca sometidas militarmente por los mexicas.

Una segunda pregunta, ¿por qué, entonces, náhuatl y no mesoamericana? Por su individualidad. Coexisten con ella una medicina totonaca y otra zapoteca, una huasteca y otra tarasca, de las cuales poco conocemos, pero esto no nos permite negarlas, ni siquiera dudar de su existencia. Todas ellas son mesoamericanas. La maya también lo es y si es cierto que los mexicas eran más chichimecas que nahuas, reconocieron la lengua y la cultura denotadas como las depositarias reales de la tradición, las adoptaron y se hicieron adoptar por ellas, como antes lo habían hecho tantos y tantos pueblos. Al hablar de una cultura, y por ende de una medicina acolhua, tecpaneca, chalca, xochimilca o tlatelolca, sí estamos hablando, en cada una de ellas, de una cultura náhuatl.

Estas aclaraciones proporcionan a la vez la definición del marco geográfico. En términos generales coincide con la altiplanicie mexicana, aunque durante las grandes explosiones culturales, como las hubo en Teotihuacan y en Tollan, hubo también contactos de expansión y comerciales con regiones tan remotas como Kaminaljuyú, en Guatemala, y los indios pueblo de Arizona y, en tiempos más recientes, los guerreros mexicas avanzaron hasta Tehuantepec y se enfrentaron con los tarascos en Michoacán, mientras sus comerciantes recorrían lejanías misteriosas. Tierras altas de las culturas nahuas, nunca dejaron de soñar sus habitantes con la fertilidad del trópico, ubicado hacia el oriente, y nunca faltó el romántico aprecio por sus productos. Plantas aromáticas de las tierras calientes fue lo primero que hizo llevar Moctezuma Ilhuicamina a su flamante jardín en Oaxtepec.

Resta hablar un poco acerca del por qué de la estructura de la obra. En primer término, el terreno. Para poder situar mejor la realidad de la enfermedad tal y como la padecieron los nahuas prehispánicos, y los esfuerzos que hicieron para combatirla, creí conveniente empezar con una breve exposición de las tendencias demográficas del momento a estudiar, de las características físicas de esa población y de las enfermedades que padecían, analizadas desde un punto de vista moderno.

En segundo término viene el estudio de la medicina náhuatl propiamente dicha. Otra vez hay que ponerse en posición de entender: es preciso hurgar en el pensamiento prehispánico y precisar cuál fue la visión nahua del universo; es preciso después ubicar al hombre en el cosmos y a la enfermedad en el hombre y en el cosmos, y sólo así se puede tener acceso a ese mundo que, sin ser precisamente el nuestro, lo sentimos en las entrañas de nuestro pasado. Los médicos que practicaron basados en esos conocimientos son, al mismo tiempo que testimonios de un momento histórico, el puente de enlace con el presente, con curanderos de diversas índoles que ahora ponen en práctica conocimientos heredados de generación en generación, tratamientos como a los que aquí me referiré, reviviendo día con día los mitos que los ligan al origen; a su identidad cultural.

1

POBLACION

A partir de que Xólotl y sus chichimecas llegaran al altiplano mexicano a poblar las tierras que habían quedado desiertas tras los desastres que acabaron con la civilización tolteca, hubo un constante y sostenido aumento en la cantidad de habitantes del área. Los cronistas nos hablan de la proliferación de casas por todas partes y de cómo los cerros se cubrían año tras año de cementeras no dejando prácticamente espacios baldíos ni tierras agrestes. Aunque esto es indudablemente una exageración, es seguro que hubo un incremento importante en la población del Valle de México, así como en el resto del altiplano y en las regiones de la costa del Golfo de México, si bien, por razones obvias la densidad demográfica no era semejante entre una y otra región, ni por supuesto entre las grandes ciudades y sus aledaños y las zonas rurales. Aparentemente, para 1519 se había alcanzado la mayor cifra de habitantes hasta entonces vista en el mundo náhuatl. Actualmente es aceptado hablar de una población de 25 millones de habitantes para México central y de 300,000 en la ciudad de Tenochtitlan, con un promedio de densidad de 49 por kilómetro cuadrado.

Las aseveraciones de los cronistas, testigos presenciales algunos de ellos de los últimos acontecimientos de la historia prehispánica, no obstante estar basadas en apreciaciones subjetivas, han demostrado ser bastante fidedignas. Cortés compara a Tlaxcala con Granada y señala que acudían diariamente a su mercado unas treinta mil personas y sesenta mil al de Tlatelolco; calcula la población de Amecameca en veinte mil habitantes, en doce a quince mil la de Iztapalapa, en treinta mil la de Tezcoco y Bernal Díaz del Castillo compara a Tenochtitlan con las más populosas urbes del viejo mundo como Roma, París y Constantinopla y afirma que Moctezuma disponía de ciento cincuenta mil soldados en pie de guerra.

Fueron hechos cálculos vagos acerca del número de pobladores que podía tener Tenochtitlan con base en el número de casas que había en la ciudad y se dio la cifra de sesenta mil en la relación del conquistador anónimo y de ciento veinte mil por Torquemada, quien refiere haber de tres a diez habitantes por casa, lo que elevaría su cálculo entre seiscientos y setecientos mil habitantes. Tomando en cuenta todos estos cálculos, Soustelle, considera una población total entre 560,000 y 700,000 personas. Sin embargo, el dato que hoy en día es más comúnmente aceptado, es de unos trescientos mil habitantes para Tenochtitlan.

Otros datos ofrecidos por Parsons, investigador moderno, en un trabajo interesantísimo, habla de 310,000 habitantes en el Valle de México, excepción hecha del área de Zumpango, alrededor de 1400, es decir, antes

La ciudad de México-Tenochtitlan fue la urbe más poblada de Mesoamérica, lo cual le confirió características específicas así como la necesidad de resolver graves problemas como fueron los del aprovisionamiento de agua y víveres, el manejo de excrementos y aguas negras, la limpieza de la ciudad, etc.

Mural de Diego Rivera en el Palacio Nacional. Ciudad de México.

de la gran expansión —también demográfica— de los mexicas durante el siglo XV. Para el Valle de Teotihuacan, Sanders calcula un aumento que va de 30,000 habitantes en el clásico tardío a 130,000 a la época de la llegada de los españoles.

Aun sin poseer afirmaciones precisas en este sentido, todo lleva a concluir que el último siglo antes de la llegada de los españoles fue testigo de un extraordinario aumento en la población tanto del valle como de todo el altiplano mexicano. La existencia de familias numerosas era la regla en las sociedades de la época, no siendo extraño encontrarlas de diez miembros. Si tomamos en cuenta las tendencias, evidentes en todas las culturas prehispánicas mesoamericanas de fomentar la reproducción, el concepto de que la función básica de la mujer era parir hijos, del niño como una "pluma" celeste que desciende a la tierra, y las cotejamos con los datos demográficos que acabamos de presentar, debemos concluir que existió entonces un altísimo índice de natalidad. Y digo altísimo ya que no sólo debemos tomar en cuenta las cifras absolutas de incremento poblacional, sino considerar además la alta mortalidad infantil aunada a la limitada expectativa de vida.

Recordemos al respecto que de la serie de restos óseos procedentes de Tlatilco estudiados por Faulhaber, el 15.5% correspondía a niños menores de doce años, y el 66.67% de ellos murieron entre los cuatro y los seis años de edad. Por sí solas las cifras hablan de alta tasa de mortalidad en niños, pero si tomamos en cuenta que el mayor número de muertes infantiles se da en el periodo perinatal y durante la lactancia, edades de las que no aparecen restos en la muestra de Faulhaber, la cifra global aumentaría considerablemente.

Por lo que toca al cálculo de la expectativa media de vida entre los nahuas prehispánicos, el único dato al respecto que hemos encontrado la calcula en 37$\pm$ 3 años, cifra que inclusive nos parece alta al compararla con las obtenidas en otros sitios (29 años para Francia a fines del siglo XVIII, por ejemplo).

Sobre la composición de la población debemos hacer también lucubraciones a falta de datos en las fuentes. Una buena parte de ella debió estar constituida por mujeres y niños, hecho probable debido a la gran cantidad de nacimientos y a la existencia constante de guerras en todo el periodo que nos ocupa, lo que lógicamente eleva la proporción de muertes de individuos del sexo masculino. A esto hay que agregar hechos biológicos aún no del todo esclarecidos, entre los que se ha aducido mayor resistencia a las infecciones, menos susceptibilidad a las enfermedades degenerativas, como características propias de la mujer, que contribuirían a explicar la mayor expectativa de vida propia del sexo femenino.

2

EL INDIO MEXICANO. CARACTERISTICAS FISICAS

Al hablar de la salud y de las enfermedades de un grupo humano, creo muy importante saber cómo era éste y cuál la apariencia de los individuos que lo componían. Así pues, me detendré brevemente a exponer lo que autores del siglo XVI consignaron al respecto y algunas constantes antropométricas obtenidas de la medición de restos prehispánicos.

Están siempre presentes en las descripciones de los habitantes del Nuevo Mundo hechas por europeos durante el siglo XVI, los elogios en cuanto a su buena apariencia y la armonía de sus proporciones físicas. Torquemada los describe así: "...de buenos cuerpos, y todos los miembros de ellos muy bien proporcionados... no son muy carnudos, ni muy delgados, sino en buena y proporcionada distribución, las venas no del todo sumidas, ni muy levantadas sobre la carne..." Se atribuían sus cualidades a la proporción de medianía de los humores en la sangre —aunque otros autores como el médico Juan de Cárdenas los llaman flemáticos—, el calor natural y los espíritus vitales, lo cual cito para dar idea de una de las tan diversas interpretaciones que se han dado a través de la historia de la constitución del cuerpo humano.

El color de la piel es referido como cobrizo, aunque se recalcó en la tez clara de la familia real mexica, hecho que también se decía común a los antiguos toltecas y que, pienso, se debía más a la falta de exposición al sol que a cualquier supuesta diferencia racial. Clavijero, en el siglo XVIII, aunque teniendo frente a él, además de indígenas, documentos anteriores, caracteriza a la piel como de color castaño claro. "La forma o figura de las cabezas —continúa diciendo Torquemada—, comúnmente las tienen proporcionadas a los cuerpos y a los otros miembros de él y derechas; algunos las tienen empinadas y las frentes cuadradas y llanas; otros (como son estos mexicanos. . .) las tenían y tienen de mejor forma, algo de hechura de martillo o nao. . ."

En estudios modernos de cráneos se han confirmado estos datos, encontrándose una tendencia al predominio de cráneos alargados en las zonas norte del territorio mexicano, con la aparición más frecuente, conforme los cráneos proceden de zonas situadas más al sur, de mesocráneos, característica indicativa de una fuerte proporción de mestizaje. Tal vez la observación de Torquemada en cuanto al cráneo alargado de los mexicas fuera real y se debiera al mantenimiento de una característica racial todavía no diluida en un grupo étnico de reciente arribo al altiplano mexicano, como lo fueron los mexicas con menos de tres siglos de haber llegado aquí.

De pelo bien poblado, aunque tendiente a encanecer desde temprana edad, eran de barba y bigote ralos, aun lampiños, aunque algunas descripciones insisten en la diferencia de la barba más poblada de Moctezuma y algunos de los nobles. Asimismo, desde las primeras descripciones se hacía notar lo extremadamente rara que era la calvicie entre los indígenas.

Sigamos con Torquemada: "tienen las caras y rostros hermosos y agraciados, así hombres como mujeres, y en su niñez son muy graciosos y de muy buenas facciones y muy alegres. . ." —descripción en la que puede verse se enlistan aspectos físicos, psicológicos y de comportamiento— ". . . que es indicio y señal de la bondad de la complexión y de calidades. . ." Insiste también en la belleza de los ojos, negros y brillantes, y en la buena capacidad para ver, sobre todo de lejos y en que, ya en tiempos de la colonia, solamente muy pocos usaban anteojos, "y eso en la vejez". La agudeza del oído y el gusto y la gran sensibilidad táctil son por igual señalados, atribuyéndose a esta última la escasa resistencia de los indios a los golpes, azotes y malos tratos.

La estructura promedio de los habitantes del altiplano central queda dentro de la clasificación de talla media, siendo de 1.65 m. para los hombres y 1.50 m. para las mujeres. Este cálculo, realizado tomando en cuenta material procedente de todas las épocas, resulta un poco alto si consideramos únicamente la que aquí nos interesa que es la del postclásico. En ella y en el Valle de México y en otras zonas habitadas por grupos nahuas se obtuvieron cifras un poco menores por lo general: 1.61 m. para hombres y 1.48 m. para mujeres, en Tlatelolco; 1.64 m. y 1.48 m. en Culhuacán; 1.60 m. y 1.48 m. en el Valle de México; 1.60 m. y 1.49 m. en Cholula, Pue.

3

ALIMENTACION Y NUTRICION

Se ha dicho y especulado mucho acerca de la alimentación y el estado nutricional de los pueblos que habitaron en el México prehispánico. Se ha pasado del asombro por la riqueza y variedad de los alimentos a escuetas afirmaciones de carácter antropológico que nos dicen, por ejemplo, que los habitantes de las costas tropicales, mayas en el caso aquí citado, padecían escorbuto y otras enfermedades carenciales y la talla media de la población era menor que la de sus descendientes en la actualidad, lo cual hablaría genéricamente de mala alimentación.

La exuberancia con que los cronistas de la época describen las mesas de los grandes señores indígenas raya en los límites de lo fantástico. Bernal Díaz del Castillo, testigo presencial, comenta admirado que a Moctezuma se le preparaban diariamente más de trescientos platillos que, por supuesto, no consumía ni siquiera con la ayuda de su séquito, ya que habitualmente comía sólo con cuatro viejos consejeros quc a vcces probaban los guisados o a quienes, también a veces, pasaba un plato de lo que él comía. Enumera Bernal Díaz como ingredientes de guisos preparados a diario "gallinas, gallos de papada, faisanes, perdices de la tierra, codornices, patos mansos y bravos, venado, puerco de la tierra, pajaritos de caña y palomas y liebres y conejos, y muchas maneras de aves e cosas que se crían en estas tierras, que son tantas, que no las acabaré de nombrar tan presto. . ."; habla también de frutas de toda clase y del cacao como bebida cotidiana.

Un poco más explícito es Sahagún en un capítulo que dedica a "las comidas que usaban los señores", refiriéndose ya no exclusivamente a Moctezuma y a su corte y guardia, a quienes una vez que él había comido les servían los mismos platillos, así como a la nobleza en general. Habla de tortillas de distintos tipos, de panecillos de maíz, de gran surtido de tamales, de empanadas de gallina aderezadas con chile amarillo, de asados de gallina y codorniz, de guisados —"cazuelas" los llama— con diversas variedades de carne en mayor variedad de formas de preparación: con chile bermejo, con tomates, en pipián. . . El chile era elemento esencial en la comida y riqueza de los guisos, la cual hemos tenido oportunidad de apreciar casi todos los mexicanos actuales. No faltaban en las mesas pescados y animales acuáticos, entonces abundantes en los lagos del valle. Langostas y camarones, ranas, renacuajos y ajolotes eran preparados de mil maneras. Los gusanos de maguey no podían faltar en la lista. Las sopas, en las que las semillas de bledos y amaranto (turnera ulmifolia), que siguen siendo el componente con el que se preparan las mexicanísimas "alegrías", eran un elemento esencial. También abundantes y de variada textura y sabor, en función de la manera de hacerlas y de los ingredientes, eran los chiles, tomates, pepitas de calabaza, que se les agregaba.

La lista de frutas era vasta: zapotes pardos, negros, blancos, de ombligo (chico-zapotes); anonas, ciruelas. Raíces de árboles y camotes son también citados y, por supuesto, elementos esenciales para la alimentación de la población, *xilotes* y elotes, así como frijoles y ejotes. No podían faltar los atoles en su gran gama y, reservadas en su uso para la nobleza, las mil formas de preparar el cacao, muchas de las cuales incluían elementos de los que se conocían o se les atribuían virtudes especiales que permitían el acercamiento de los señores a sus deidades y al mundo sobrenatural, por ejemplo, *tlilxóchitl* (vanilla planifolia) o *hueynacaztli* (enterolobium cyclocarpum).

Estas comidas, cuando se tenían antes de tomar decisiones importantes o de emprender arriesgadas expediciones, sea militares y comerciales, comprendían también *teonanacatl* (honguillos que embriagan), como les llaman los cronistas, cuya función era precisamente la de permitir la comunicación de los guías y cabezas del pueblo con los seres superiores.

Bernal Díaz habla también de carne humana, señalando expresamente que a Cortés le ofrecieron carne procedente de un sacrificado y que, después que la rehusó, Moctezuma ordenó a sus servidores que no se la preparasen más, aunque Bernal mantiene la sospecha de que le fuera dada en forma oculta y disfrazada entre los diversos platillos que le llevaban y las múltiples maneras de prepararlos.

Es un hecho perfectamente comprobado que existía canibalismo entre los mexicanos prehispánicos, y que era común entre ellos y el resto de pueblos genéricamente denominadas nahuas que habitaban el altiplano mexicano en el siglo XVI. Un grupo serio de investigadores norteamericanos ha sostenido que constituía parte esencial del aporte de proteínas que recibían regularmente, por no decir a diario, los habitantes de México-Tenochtitlan, que es a quienes se refiere el citado trabajo. Además de admirar los minuciosos cálculos que hacen de las cantidades de diferentes tipos de comestibles que llegaban a la ciudad y del valor alimenticio de cada uno de ellos y su distribución por persona, no estoy de acuerdo en absoluto con las conclusiones alcanzadas por ellos y que podrían resumirse, un poco exageradamente, en que el canibalismo era indispensable para la supervivencia de un pueblo numeroso y bien nutrido.

En un artículo que causó revuelo, M. Harner expuso detalladamente su teoría de cómo un pueblo mal nutrido luchaba denodadamente por un orden y ofrendaba, si era preciso, su vida a las deidades que necesitaban de su sangre para seguir viviendo, con la esperanza de algún día tener acceso a esa alimentación extra reservada para la nobleza, que no sumaba más de una cuarta parte del total. Una actitud bien documentada que consistía en la costumbre de sacrificar a los hijos nacidos en los días aciagos que cerraban el año, buscándoles así un destino mejor que la vida enfermiza que les esperaba, es totalmente contraria a tal hipótesis. Pienso que en ella muestran sus autores un profundo desconocimiento del papel de los símbolos y los rituales en el desarrollo de las culturas, pretendiendo artificialmente atribuir a situaciones dependientes de la infraestructura una influencia que no tienen.

Un análisis detalla cuándo se comía carne humana y quiénes eran los que la comían, y quiénes los comidos. Los meses en que esto sucedía eran los llamados Tlacaxipehualiztli, Tepeihuitl y Panguetzaliztli, correspondientes a marzo, octubre y fines de noviembre y parte de diciembre respectivamente.

Ortíz de Montellano ha señalado recientemente la coincidencia de las dos últimas fechas con los meses de abundancia del maíz recién cosechado, y el hecho de que no había festividades con gran cantidad de sacrificios humanos durante los meses en que era más probable que el maíz, el frijol y otros alimentos escasearan por haber consumido la cosecha anterior y no recoger aún la siguiente.

Otro hecho importante de señalar es que, durante la gravísima crisis de alimentación que se presentó entre 1450 y 1454 en el altiplano central con motivo de la sequía, heladas tempranas y plagas, no fue sino hasta el tercer año que se hizo sentir realmente la falta de alimentos, pues en los años previos se había subsanado el problema con el reparto de los víveres que se habían guardado en bodegas públicas, lo cual demuestra que, en una época de expansión político-militar y crecimiento demográfico intenso, había habido excedentes. Ahora bien, estos datos se limitan a existencias de maíz y frijol, es decir de fuentes de proteínas vegetales, y la crítica de Harner se encamina a la falta de disponibilidad de aminoácidos procedentes de proteínas de origen animal. A este respecto hay dos puntos que considerar: primero, el hecho de que aun no habiendo en el México prehispánico muchas especies de ganado que constituyeran siempre la base de obtención de proteínas animales en Europa, se tenía acceso a muchos tipos de aves, animales acuáticos e insectos, como veremos. Segundo, los conceptos vigentes en alimentación y nutrición han sido modificados sustancialmente. Lo que se había tomado como patrones generales de buena alimentación se ha visto que no son otra cosa que orientaciones relativas a una alimentación adecuada y que existen otras posibilidades que no por ser diferentes deben ser peores necesariamente, como lo muestra el ejemplo de pueblos vegetarianos desde tiempos remotos.

Creo que, a la luz de los conocimientos actuales, no hay ninguna evidencia de que el consumo de carne humana entre los pueblos nahuas se debiera a necesidades de alimentación, por lo menos en tiempos históricos. Revela claramente un carácter ritual en el que se maneja el simbolismo del consumo de los productos de la naturaleza sacralizados para forzar la reproducción del hecho en tiempos venideros. Por otra parte, el *status* asumido por algunos de los sacrificados les colocaba en la posición de disfraz de algún dios que así era también comido. Esto explica el porqué la carne de individuos sacrificados era incluida regularmente en los banquetes del *tlatoani*, y, con mayor razón, por qué se le ofreció a Cortés, a quien se le consideraba inicialmente como un dios.

La participación con la divinidad, la necesidad de trascendencia hacia lo sobrenatural y el mantenimiento de comunicación y los vínculos con ella, son los motivos básicos, definitivamente pertenecientes a la superestructura religiosa. Dirigiendo la vista a épocas anteriores, carecemos de documentación y de evidencias de que existiera antes un canibalismo destinado a llenar requerimientos nutricionales. Basten estos comentarios para poner en evidencia la falsedad y falta de pruebas de sustentación de la hipótesis de Harner en relación con la antropofagia entre los mexicas considerada como resultado de una presión de hambre, y menos aún de una "necesidad ecológica".

Queda por considerar en qué consistió la alimentación del grueso de la población, ya que hasta aquí, incluyendo la carne humana, me he referido fundamentalmente a lo que comían las clases privilegiadas, entre las que deben incluirse la nobleza, los guerreros de alto rango, los comerciantes y, tal vez, algunos artesanos especializados en labores preciadas como la orfebrería, los mosaicos de piedras preciosas y el arte plumaria. Sería utópico suponer que las sociedades prehispánicas vivieran en un inmenso bienestar. No todos los pueblos disponían de la variedad ni de la cantidad de alimentos que tenían a mano los mexicas, ni todos los mexicas tenían igual oportunidad para adquirirlos y consumirlos. De ninguna manera podría pensarse que el pueblo disfrutara de grandes banquetes con relativa frecuencia.

La base de la alimentación eran el maíz y el frijol, plantas cultivadas intensivamente en toda Mesoamérica, y que proporcionaban calorías y proteínas en cantidades bastante aceptables. Estudios modernos han demostrado que, entre ambas, poseen los aminoácidos esenciales necesarios para llenar los requerimientos del ser humano y que, además, son complementarios, pues el frijol posee aquéllos que faltan o son escasos en el maíz y viceversa. Por otra parte, la costumbre de preparar la masa de maíz en *nixtamal*, agregándole cal, permite una mucho mejor asimilación de sus nutrientes, sin contar con que el aporte tan importante de calcio que proporciona, garantizaba que aun en ausencia de animales productores de leche y de la exclusión de ésta como producto básico en la alimentación de los indígenas mexicanos prehispánicos, el raquitismo en los niños y la osteomalacia y otras enfermedades producidas por deficiencias de este mineral, fueran prácticamente inexistentes. Un aspecto tecnológico es también digno de hacerse notar, y es la preparación del *pinole*, que permitía transportar alimento fácil de preparar, por varios días y a través de grandes distancias.

El *amaranto* (turnera ulmifolia), también llamado *bledo*, en cuyas semillas se hacen los dulces conocidos como "alegrías", era una planta ampliamente consumida y cuyo valor nutritivo está hoy en día bien probado. Calabazas, tomates, quintoniles, huauzontles, quelites, nopales, chiles, cebollas, camotes, chayotes, eran alimentos habituales. Las algas lacustres, denominadas espirulina, fueron un alimento de uso bien difundido, accesible en todos los poblados del Valle de México y con un valor nutritivo excelente.

No es posible dejar de citar las frutas, cuya variedad y exuberancia tropical tanto admiraran a los primeros europeos que arribaron al Nuevo Mundo y que ocupaban un lugar bien definido en la dieta de los pueblos nahuas. Ya he mencionado algunas de las que aparecían en las mesas reales, y no haré sino recordar lo que expresaran gentes como Cortés o Bernal Díaz, admirados al ver en los mercados múltiples especies desconocidas para ellos. El hecho de que no hubiera cítricos en el altiplano no constituyó un factor de peso para condicionar la aparición de escorbuto entre sus moradores, ya que el ácido que los caracteriza está presente en otros frutos que comían habitualmente.

Desde el punto de vista de la variedad, la cantidad y la obtenibilidad de recursos alimenticios de origen vegetal puede decirse que las poblaciones del México central podían ufanarse de contar con recursos más que su-

Una de las deidades más relacionadas con los procesos biológicos era Tláloc quien, por ser dios de las aguas era uno de los dioses generadores de vida —al menos de la vida tal y como aparecía en la superficie terrestre. El y los tlaloques, espíritus de las aguas, eran también responsables de la producción de enfermedades relacionadas con el agua, frías por lo tanto, tales como la hidropesía o la quemadura por rayo.

Palacio de Tetitla.

ficientes para alimentar a una población que, en los últimos cien años previos a la conquista europea, estaba creciendo a una velocidad vertiginosa. Los intercambios y los tributos permitían que las grandes ciudades recibieran todo tipo de vegetales procedentes de los sitios más diversos y las regiones más apartadas, lo que agregaba a la capacidad de cubrir necesidades elementales, la posibilidad de obtener lo exótico.

Por lo que respecta a los animales, sus productos y carne, se ha menospreciado su importancia en la dieta de nuestros antepasados. La falta de bovinos y de ganado lanar y porcino dio a ojos de los europeos una imagen de carencia que no era tal. Se ha hablado mucho de la disminución de la calidad de los alimentos observada en el momento del paso de una sociedad de cazadores recolectores a una agrícola y sedentaria, y más aún la subsecuente a la aparición de los grandes conglomerados urbanos. Si bien en las ciudades del México prehispánico debió limitarse fundamentalmente el consumo de carne de animales silvestres, como venado, jabalí, tejón, mono, conejo, etcétera, los cuales quedaron como platillos para las grandes ocasiones o de banquete de grandes personajes, siguieron siendo comidos en las áreas rurales, en tanto que la crianza de perros, especialmente cebados para comerlos, y de aves de corral, en primer término los tan populares guajolotes, extendía la posibilidad de que todo el mundo pudiera comer carne con relativa frecuencia.

En áreas lacustres, como lo eran entonces la casi totalidad de los valles del altiplano, debe también tomarse en consideración a las aves acuáticas que abundaban en ellas y que eran cazadas intensivamente. Patos de muchas "maneras", decían los cronistas; *atotolin*, descritas como gallinas de agua, cuya carne era sumamente apreciada por considerar a esta ave como el corazón del agua; codornices acuáticas llamadas *azolin* (gallinago delicata), *cacintli* (no identificada), ave de largas patas y pico; *acóyotl* (Anhinga anhinga), calificada como "de muy buen comer" y alrededor de la cual urdieron fábulas que relataban cómo sumía a los cazadores que la perseguían en canoas; o la *acitli* (aemophorus occidentalis), también preciada como platillo y de la que se decía que, al ser alcanzada por los cazadores que la perseguían, se esponjaba y lanzaba grandes voces a cuyo llamado se levantaban inmensas olas bajo las cuales el ave desaparecía. . . La lista pudiera alargarse, pero creo que estos ejemplos son suficientes para mostrar la variedad de posibilidades que había en este solo renglón. Todavía no se ha borrado de la memoria de muchos de nosotros la imagen de los vendedores de *chichicuilotes* (lobipes lobatus) que recorrían las calles de la ciudad tras la parvada que ofrecían.

No todos los habitantes de México-Tenochtitlan podían comer *huachinango* del día, como el que traían corredores que se relevaban de trecho en trecho de las costas del golfo a la mesa de Moctezuma, pero sí comer de las diferentes variedades de pescados que les ofrecía la laguna en cuyo centro vivían.

Otra fuente alimenticia que no siempre se ha aquilatado en su verdadero valor es la constituida por insectos que comían y siguen comiendo nuestros indígenas. Moscos, con los que aún preparan tamales; hormigas, *acociles*, *jumiles*, larvas de libélula llamadas *anéneztli*, *axaxayácatl*, *chapulines*, etcétera, formaban parte de este extenso repertorio que ofrecía un rico aporte proteico.

En resumen puede decirse que la ecología y las condiciones históricas hicieron que en el Valle de México, especialmente en Tenochtitlan y las otras grandes ciudades cabeceras de la Triple Alianza, Tezcoco y Tlacopan, se dispusiera de una variedad antes nunca vista de productos alimenticios, lo que permitió que, no obstante los problemas inherentes al tener que alimentar a poblaciones muy numerosas concentradas en espacios relativamente pequeños, los moradores que habitaban en dicha área estuvieran bien nutridos en términos generales.

4

LAS ENFERMEDADES EN EL MEXICO PREHISPANICO

Para estudiar la enfermedad, tal y como se presentó en una cultura que no es la nuestra, tenemos dos caminos. Uno de ellos, objetivo y al mismo tiempo frío, en cierta manera desprovisto de vida, aunque científicamente importantísimo, consiste en estudiar restos humanos, detritus, reportes, representaciones gráficas, etcétera, a fin de conocer qué enfermedades existían en dicha cultura, los grupos de población afectados por ellas y los datos recuperables en cuánto a la mortalidad y las características de su incidencia. La pregunta, ¿qué enfermedades padecían?, podría resumirlo, y la respuesta estaría dada necesariamente con base en nuestro propio conocimiento y creencias acerca de la enfermedad.

Por otra parte, se puede emprender una actividad de búsqueda detectivesca, siguiendo rastros de conceptos en viejos documentos y comparando los datos obtenidos con estudios antropológicos actuales que, habiendo indagado acerca de cómo era la medicina en determinada comunidad indígena, ofrezca puentes que hagan accesibles determinados aspectos de las medicinas prehispánicas —en el presente estudio, la náhuatl— que de otro modo hubieran sido muy difíciles de detectar y prácticamente imposibles de analizar. Esta segunda posibilidad ubica al estudioso y a su lector dentro de los principios rectores de la cultura de que se trata, tanto en lo que toca a la manera de expresar las cosas, como en los conceptos y criterios que se intenta conocer. La pregunta clave sería: ¿cómo entendían sus enfermedades y cómo las conceptuaban? De la forma de responder derivaría consecuentemente la respuesta a otra pregunta: ¿cómo las padecían?

Este último punto es de particular importancia, ya que el modo de padecer una enfermedad tiene tanto que ver con la enfermedad misma, como con respuestas culturalmente establecidas. Esto se extiende inclusive al significado mismo de la muerte, o, mejor dicho, de ciertos tipos de muerte en particular. Un ejemplo bien claro es el de la muerte en la guerra florida o en la piedra de los sacrificios, considerada como un paso hacia la trascendencia al encarnar después de ella al destino de un ser cósmico, concepto que llevó a ilustres guerreros a exigir que se les sacrificara.

Otro ejemplo, ahora de enfermedad, podría ser el estigma con el que se cargaba a ciertos enfermos mentales en la Europa medieval al considerarlos como poseídos por el demonio, a la forma nahua de ver el mismo problema, atribuido a posesión, pero de una potencia espiritual sumamente poderosa, sí, pero la cual no tenía la connotación de representar al mal. El futuro de ambos pacientes era lógica y radicalmente distinto: a uno se le podía juzgar y quemar vivo en tanto que al otro era necesario purificarlo, exorcizarlo, pero siempre viéndolo como a un enfermo.

En el curso de éste y los siguientes capítulos ofreceré al lector una visión panorámica de ambas maneras de mirar la medicina náhuatl prehispánica.

Las enfermedades más frecuentes

Las narraciones de la época, tanto salidas de la pluma de españoles como las hechas por los propios indígenas, concuerdan al decir que, antes de la llegada de los europeos, los naturales de estas tierras vivían sanos. Inclusive un cronista, Juan Bautista Pomar, descendiente de los reyes de Tezcoco, llegó a decir a fines del siglo XVI que, dejando aparte a niños y viejos, nadie moría de enfermedad. Esto ya implica la aplicación de conceptos y juicios clasificatorios: la enfermedad y aun su fatal desenlace son considerados normales en ciertas condiciones de la vida —niñez y ancianidad—, y totalmente anormales durante la juventud y la edad adulta. Sin embargo no se trata de destacar ahora este tipo de conceptos, sino de exponer los términos con que ellos mismos ponían en relieve su buen estado de salud, tal vez en comparación con las graves calamidades que diezmaron a la población indígena a raíz de la conquista. Probablemente también hacían referencia a que, en los años previos a ésta, no habían hecho aparición epidemias mortíferas ni padecimientos extraños y desconocidos que causaran la muerte frecuentemente en jóvenes y adultos.

Cuando, en 1577, las autoridades españolas quisieron conocer las características del territorio que comprendía su imperio, con España a la cabeza, incluyeron una pregunta acerca de cuáles eran las condiciones de salud de los poblados y ciudades encuestados, y en sitios recientemente conquistados, solicitaban asimismo el dato comparativo de cómo eran antes y cómo después. En las respuestas se habló de la calidad de las tierras —en el sentido de salud, por supuesto—, se habló de sitios malsanos, como Huexutla —cálida y con vientos del norte en diciembre— y Tecciztlán —muy húmedo—, ambos en el Valle de México; pero, cuando en ellas se llevó a cabo la comparación, siempre convinieron los autores en que en tiempos prehispánicos la situación era mejor. Se habla en los textos de calenturas, incluyendo tercianas y cuartanas, diarreas, diarreas con sangre, sarna, bubas, enfermedades de los ojos. Como se ve, padecimientos todos ellos frecuentes hasta la actualidad, exceptuadas las bubas cuya incidencia ha disminuido considerablemente en los últimos cincuenta años en virtud de la introducción de medicamentos bacteriostáticos y antibióticos. Vale la pena hacer algunas consideraciones al respecto.

En primer lugar debe señalarse que las enfermedades citadas son todas ellas relativamente banales, y digo relativamente porque no debemos olvidar que un gran porcentaje de los niños menores de cuatro años que mueren en nuestro país en la actualidad, mueren justamente de problemas gastrointestinales —diarreas, podríamos decir genéricamente— y la deshidratación consecuente. Algo semejante pudiera afirmarse de los procesos patológicos de las vías respiratorias. Sin embargo, creo que es posible sostener que, de acuerdo a las posibilidades tecnológicas existentes y al desarrollo de formas de resistencia orgánicas, en el México central se había alcanzado un equilibrio biológico entre el hombre y su medio ambiente, tanto natural como sociocultural. Esto quiere decir que no había con frecuencia grandes epidemias, y que los padecimientos común y corrientes no mataban habitualmente a personas en edad adulta, cebándose en cambio en los niños de escasa edad y en los ancianos, de los que podía decirse que con frecuencia morían por "muerte natural", de vejez por decirlo de otro modo, con todos los equivalentes posibles que explicaran el término a un médico contemporáneo nuestro. Las más frecuentes eran las mismas enfermedades que padecemos hoy en día: diarreas, calenturas, padecimientos de la piel.

En segundo término viene la pregunta de si esas enfermedades eran precisamente las mismas que existen en la actualidad. Tendría que responder que no sabemos; que desde el punto de vista de los síntomas, sí, pero que del de cuáles son los gérmenes causales no es posible precisarlo; que lo más probable es que la agresividad de éstos haya cambiado en el transcurso del tiempo. Debemos quedarnos con el criterio de que en los últimos años antes de la llegada de los europeos a América, había estas enfermedades, con síntomas semejantes a los que vemos ahora.

Un tercer punto. ¿Qué hay con las lesiones? El estudio de restos humanos, óseos en su inmensa mayoría, abre esa puerta a la investigación, haciendo posible el estudio e identificación de las lesiones dejadas por algunas enfermedades y su comparación histopatológica con otras actuales, lo que permite plantear en ocasiones su identidad, así como desecharla en otras. La existencia de células características en su forma y disposición da pie para hablar de lesiones tuberculosas con cierta seguridad; en cambio, los patrones lesionales que antes se tomaban como específicos de la sífilis, actualmente sólo pueden tomarse como indicativos de la existencia de una treponematosis.

Y con esto caemos a la cuarta observación: ¿qué enfermedades existían en tiempos prehispánicos, y cuáles fueron importadas después del contacto con el viejo mundo? Es éste un problema apasionante, pues, además de ponernos ante la posibilidad de discriminar entre los problemas de salud antes y después de 1492, por dar una fecha simbólica, nos ofrece la perspectiva de estudiar de cerca la relación de grupos humanos y enfermedades que hasta ese momento eran absolutamente desconocidas, tanto en el sentido del diagnóstico médico, como en el del terreno inmunológico. ¿Cómo reacciona el hombre ante nuevas amenazas de este género? Como respuesta, ya que la pregunta rebasa los límites de nuestro tema, sólo recordaré la tremenda mortalidad que produjeran entre los indígenas la viruela y el sarampión durante la primera mitad del siglo XVI, o los estragos provocados por la sífilis entre los europeos por la misma época.

Paleopatología

Para completar la imagen de la patología prehispánica, haré una breve revisión de las enfermedades detectadas en restos humanos, así como algunas consideraciones en relación con otras que, mencionadas en los textos, queda la duda si son en realidad prehispánicas o aparecieron aquí posteriormente. Antes de proseguir debo hacer la aclaración de que desconocemos la frecuencia y, por lo tanto, la importancia epidemiológica de estas enfermedades, ya que no disponemos de muestras que sean representativas de una población, ni se han llevado a cabo estudios en dicho sentido; de manera que podemos hablar solamente de la existencia de la enfermedad, y su verdadero significado podría establecerse sólo mediante la consideración conjunta de la evidencia de la lesión, la mención hecha de la enfermedad en los textos y la importancia numérica de los tratamientos empleados contra ella.

En orden de frecuencia podría afirmarse sin temor a equivocarse que el grupo de enfermedades más importante era el de las que aquejaban al tubo digestivo. Diarreas y cámaras de sangre, repiten constantemente los textos, y el número y variedad de remedios utilizados en su tratamiento confirman el hecho. Las parasitosis intestinales eran asimismo frecuentes, dado el consumo de productos lacustres, incluyendo algas, que provenían de aguas con un grado relativamente alto de contaminación fecal. Los medicamentos eran también abundantes para estos casos y, según se ha confirmado por la investigación moderna, generalmente eran efectivos.

Un padecimiento, íntimamente conectado con el grupo anterior, sobre todo en casos de problemas crónicos, son las hemorroides. Sin embargo, sólo disponemos de datos indirectos en cuanto a su incidencia, siendo mencionadas por todos los textos médicos de la época y además relacionadas, tal vez en función de la época en que más frecuentemente hacen crisis, con un castigo por parte de los dioses de la primavera.

Mencionaré una vez más la referencia a catarros, toses y romadizos, es decir problemas inflamatorios del aparato respiratorio alto, como padecimientos citados constantemente y para los que se recetaban múltiples tratamientos. Eran seguramente producidos por otras cepas de gérmenes, sus síntomas no diferían mayor cosa de los padecimientos similares actualmente. Existe evidencia de clasificaciones al respecto que comentaré en su oportunidad. No está de más el recordar que la epidemia de 1450, la más severa de que guardan memoria los registros históricos prehispánicos es descrita por ellos como que se inició bajo la forma de un catarro pestilencial.

Enfermedad respiratoria grave que existió en el México antiguo fue la tuberculosis pulmonar. No obstante que no podemos ofrecer la evidencia absoluta al cultivar el bacilo de Koch, sí podemos asegurar su presencia con base en descripciones clínicas y enumeraciones sintomatológicas. Los médicos nahuas del siglo XVI hablan de ella como consunción y se refieren al esputo hemoptoico, es decir, la expectoración de flemas sanguinolentas, como una entidad patológica por sí misma, la cual, aunque no corresponde forzosamente a tuberculosis, sí lo es en un gran porcentaje de las veces en que se presenta en adultos jóvenes y en forma crónica.

Una evidencia muy importante al respecto es la que nos proporciona Juan de Cárdenas, un médico de origen sevillano que escribiera en México a fines del siglo XVI, quien dice que había unas fiebres hécticas, tipo de calentura caracterizada por elevaciones muy importantes de la temperatura por la tarde y que son muy frecuentes en los pacientes tuberculosos, que —continúa diciendo Cárdenas— proceden de una llaga en los pulmones y son muy frecuentes en las Indias. Esto, insisto, habla de la existencia de la enfermedad, no de su frecuencia ni de su importancia epidemiológica, aunque en este caso en particular, la presencia de lesiones óseas características de ella en huesos prehispánicos procedentes de distintas poblaciones y diferentes épocas permite aventurar afirmaciones al respecto y abre la posibilidad de que en el futuro se lleven a cabo estudios de carácter poblacional que nos den cifras relativamente precisas.

En relación con las enfermedades cardíacas se ha dicho mucho y persisten serios problemas de interpretación para el historiador. No existían los conceptos de insuficiencia cardíaca ni de hipertensión en ninguna de las medicinas de la época, ni en la indígena ni en la europea, y mucho menos otros como los de ateroesclerosis o padecimientos degenerativos cardiovasculares. De tal manera resulta prácticamente imposible hablar al respecto, so pena de caer en errores sustanciales e imperdonables. De acuerdo con lo que actualmente se conoce solamente es posible afirmar que habían padecimientos cardiovasculares que eran detectados clínicamente, clasificados según criterios totalmente distintos a los nuestros, de los que hablaremos en otra sección de esta obra, y tratados de manera congruente y efectiva. Siendo la expectativa media de vida de cuarenta años aproximadamente, es posible suponer que este tipo de padecimientos nunca tuvo la importancia epidemiológica que tiene hoy en día en sociedades en las que la gente muere más vieja y las condiciones de vida sedentaria en los hábitos y una alimentación más rica en grasas y azúcares, son propicias para su instalación.

Es curioso que no exista ninguna referencia escrita del siglo XVI sobre el bocio, término que indica crecimiento de la glándula tiroides independientemente de la causa que lo provoque. Y digo curioso porque hasta la fecha el bocio sigue siendo un problema endémico en México. Existe en Michoacán y Guerrero y, dentro del Valle de México, en las zonas de Xochimilco y Milpa Alta. Ciertamente se reparó en esa alteración, que por lo demás es muy evidente, siendo representada en figurillas de arcilla, de modo que es posible afirmar que era reconocida pero, simple y sencillamente no tenemos la más remota idea ni de cómo se trataba, ni menos aún de su significado.

A propósito, es conveniente señalar que en la interpretación de alteraciones representadas en la plástica prehispánica y en la elaboración de diagnósticos a través de ellas, se debe ser sumamente cauteloso. Es muy fácil aventurar diagnósticos de precisión ofreciendo nombres de enfermedades raras, pero eso no quiere decir de ninguna forma que los médicos nahuas prehispánicos también lo hicieran, ni siquiera que individualizaran la enfermedad. Probablemente no le dieran un sentido médico, sino marcaran la diferencia como una señal de los dioses. Recordemos cómo se asociaba así a los gemelos, a los albinos, a los jorobados, a los enanos. . . y en esta misma dirección quizá sea válido considerar a individuos con otras anomalías o deformidades como seres especiales y no sencillamente como enfermos.

La representación de parálisis faciales significando la oposición y alternancia existentes entre la vida y la muerte podría ser un buen ejemplo al respecto, ya que en las esculturas que lo hacen, no obstante la exactitud en la reproducción de las características de la enfermedad, lo que importa es el significado de la idea representada —no de la enfermedad— en el contexto de la visión del mundo de entonces. De tal modo, al ver representaciones patológicas en el arte prehispánico debemos guardarnos de conferirles un valor y un significado médicos que ignoramos si tenían, y limitarnos a describir las anomalías y deformidades, si se quiere proponer relaciones con patologías conocidas por nosotros, pero sin afirmar de ningún modo que estas entidades fueran conocidas y diagnosticadas por nuestros antecesores prehispánicos. La representación por sí misma no es otra cosa que el testimonio de que su ejecutor vio algo. Sólo la lectura atenta y profunda de los textos, puede brindar claves para ofrecer posibilidades de interpretación.

Ehécatl, dios de los vientos y una de las personificaciones de Quetzalcóatl enviaba enfermedades como el reumatismo, la tortícolis, pero sobre todo, los aires de enfermedad que tenían múltiples significados.

Museo Nacional de Antropología. Ciudad de México.

Epilepsia

Ya que he mencionado la existencia de parálisis faciales, sin decir nada acerca de su frecuencia e importancia epidemiológica, por la simple razón de que las desconocemos. Traeré ahora a colación otro problema que en nuestras clasificaciones modernas coincide con el anterior por ser ambos neurológicos, así como coincide en la clasificación náhuatl por tener el común denominador de "la muerte de la carne". Me refiero ahora a las crisis convulsivas. Tampoco se puede afirmar nada de su frecuencia, pero sí de la importancia que se les atribuía al asociarlas con la posesión de seres sobrenaturales tales como la diosa Tlazolteótl o las *cihuateteo*, espíritus de las mujeres muertas en su primer parto.

Enfermedades osteoarticulares

Muy frecuentes eran, en cambio, las enfermedades de huesos y articulaciones. Empecemos por las fracturas, evidenciadas por textos y material óseo, que eran problemas de todos los días, especialmente presentes en hombres de edad adulta y en los huesos largos de los miembros y en el cráneo, dada la intensa actividad guerrera que realizaban. Muestra de la calidad de los tratamientos empleados para ellas son la gran cantidad de fracturas consolidadas con buena alineación de los fragmentos encontrados en los huesos procedentes de esa época que han sido estudiados; aunque debe señalarse que también en huesos de la misma época se encontraron lesiones inflamatorias de la médula ósea y del periostio (osteomielitis y periostitis), las más de las veces asociadas a traumatismos.

Todos los tipos de reumatismo estuvieron presentes en las poblaciones nahuas prehispánicas, aunque quizá debiera decir mejor indígenas prehispánicas dada la extensión geográfica y étnica de la aparición de estas enfermedades. La mayor parte de individuos arriba de los treinta y cinco años padecían una u otra forma de lesiones reumáticas en la columna vertebral y las articulaciones del hombro, el codo, la cadera y la rodilla. Además de llamar la atención hacia consideraciones acerca del tipo de actividad y hábitos de vida que condicionaron problemas degenerativos y de desgaste articular como éstos, nos obliga a pensar en la existencia de manifestaciones severas de envejecimiento biológico, a una edad tan temprana a nuestros ojos como son los treinta y cinco años.

Si comparamos con la incidencia de problemas semejantes en otras poblaciones y culturas encontraremos datos semejantes en todas ellas, lo que nos lleva a marcar la alternativa de que, dejando a un lado lo que ha logrado en este terreno la medicina, habría que ubicar entre los treinta y cinco y cuarenta años la edad de declinación orgánica fundamental en la especie humana. Lo que hemos logrado al alargar la vida y mantenerla en una calidad aceptable ha sido producto, no de la naturaleza, sino del forzarla mediante la ciencia, la tecnología y sus aplicaciones. Por otra parte creo de interés comentar que en los estudios de huesos del período clásico, es decir en la época del apogeo de las culturas teotihuacana, zapoteca y maya, la incidencia de artritis por uso disminuye notablemente para volver a aumentar posteriormente. Esto indicaría la existencia de condiciones de vida menos sujetas a esfuerzos físicos intensos y a acciones repetitivas que forzaran el funcionamiento articular en esas épocas, las cuales seguramente desaparecieron con los radicales cambios sociales que se asociaron con el declinamiento y desaparición de dichas culturas, de modo que los nahuas históricos se vieron sujetos a condiciones desfavorables semejantes a las que tuvieran que afrontar poblaciones más de mil años anteriores a ellos. En cambio, la artritis reumatoide no se ha encontrado con la frecuencia con que aparece en las sociedades modernas, tal vez debido a que el incremento en la edad alcanzable dé la oportunidad de que se desarrolle, en tanto que la sedentarización de los hábitos ha provocado una notable disminución de las enfermedades articulares por desgaste.

La gota es mencionada por el Códice de la Cruz-Badiano y los informantes de Sahagún, quienes ofrecen varias posibilidades terapéuticas. Podríamos afirmar que la había en México prehispánico y que tal vez no era rara, pero cabe mencionar que no se han encontrado artropatías gotosas en ninguno de los restos óseos prehispánicos estudiados hasta la fecha.

Tumores

Los tumores óseos aparentemente eran muy raros, al igual que otros tipos de tumores malignos de los que no se ha encontrado ninguna evidencia, ni en los textos ni en las representaciones plásticas, ni en los restos. Solamente se ha reportado un caso de un tumor óseo maligno (osteosarcoma) en un entierro procedente de Coixtlahuaca, Oaxaca, fuera del área náhuatl. Desconocida entonces la forma de diagnosticar tumores de los órganos internos y careciendo de pruebas materiales de su existencia, todo lo que se pudiera decir al respecto queda al nivel de conjeturas.

Un hallazgo interpretado por algunos autores como tumoral, pero que corresponde con un máximo de posibilidades a un problema de carácter genético de las poblaciones indígenas mesoamericanas, es el crecimiento exagerado de los huesos del orificio auditivo (exostosis del meato auditivo), el que se reporta con una frecuencia del veinte por ciento en los esqueletos estudiados en Tlatilco, única población del área nahua que ha sido revisada cuidadosamente con fines antropométricos y en una cantidad de individuos que permiten que los hallazgos encontrados sean representativos. En otros grupos indígenas se habla de frecuencias hasta del 85%. Desconozco si hay alguna asociación entre este rasgo y la presencia de otras enfermedades del conducto auditivo o de disminución de la audición o aun de sordera, lo que quedaría por ahora como variantes por investigar.

Enfermedades carenciales

A últimas fechas ha venido desarrollándose una viva polémica entre un grupo de autores que sostiene que las poblaciones prehispánicas vivían en buenas condiciones de alimentación y de salud, y otro que mantiene la tesis contraria, llegando algunos de ellos a señalar que el canibalismo era necesario para la supervivencia de pueblos que, como el mexica, habían crecido numéricamente de manera que sobrepasaba a su capacidad de producción de alimentos.

La presencia de enfermedades carenciales y sus vestigios detectados en restos humanos prehispánicos es un punto importante para poder definir con pruebas materiales de peso la actitud a tomar al respecto. Sin embargo las evidencias no son tan claras como podría suponerse.

En primer lugar, no se han estudiado series numéricamente importantes de huesos como para poder hacer inferencias válidas para toda una población. Por otra parte, se desconocen por lo regular los detalles acerca del grupo y la clase social del individuo al que pertenecían los restos, cosa muy importante pues, con toda seguridad, en los pueblos nahuas prehispánicos, igual que en cualquier otra cultura, había grupos hegemónicos mucho mejor alimentados que los demás y, dentro de ellos, clases sociales en las que se observaban también notorias diferencias. Las historias se refieren, desde entonces, a pueblos, como los otomíes o algunos grupos chichimecas, caracterizados por su frugalidad en el comer, hecho que pudo ser impuesto por circunstancias adversas, tales como la pobreza del área en que vivían que por considerarlo ellos mismos lo mejor.

Aun a falta de evidencias concretas se debe pensar que existiera pelagra, enfermedad producida por deficiencia de vitamina B_1 y que aparece con alta incidencia en poblaciones que se alimentan únicamente de maíz, como sucedía con muchos grupos prehispánicos. Sin embargo, la posibilidad de obtener recursos alimenticios variados que se abriera con la expansión de los mexicas y el establecimiento, por diversos medios, de un intercambio de recursos con regiones a veces distantes y con características muy diferentes entre sí, quizá influyera mucho en que este problema no adquiriera proporciones mayores.

No existe ningún dato en qué sustentar la evidencia de otras enfermedades por falta de alguna de las vitaminas B. Del escorbuto, que deja huellas en los huesos bajo la forma de hemorragias subperiósticas, tampoco existen rastros en materiales óseos procedentes del México central, aunque se ha señalado que lo había entre los mayas, cosa asombrosa por la cantidad de frutas de que disponían.

El raquitismo era prácticamente inexistente en toda Mesoamérica habiendo condiciones claramente establecidas que lo expliquen: entre los pueblos nahuas por lo menos, una lactancia prolongada hasta alrededor de los cuatro años; la utilización del nixtamal, con su alto contenido de calcio, para la preparación de las tortillas de maíz, y todo al lado de una constante exposición al sol facilitada tanto por el clima como por los hábitos y el tipo de vestido usado. En cambio se han encontrado datos de deficiencia de calcio en huesos adultos (osteomalacia) en restos teotihuacanos.

Una lesión ampliamente difundida en las poblaciones indígenas de América prehispánica es la osteoporosis craneana simétrica que, aparte de afectar otros huesos, se caracteriza por la proliferación del tejido esponjoso de los huesos del cráneo y de la cara, en especial alrededor de la órbita. Se desconoce en realidad su causa, aunque las hipótesis más atractivas son las que aduce la alta frecuencia de infecciones oculares muy severas, que también explicaría el proporcionalmente alto índice de ceguera y otros problemas oculares, y la que relaciona la lesión con la presencia de una alteración de hemoglobina de origen genético que provocara una anemia hemolítica, es decir, una destrucción mayor y más temprana de los glóbulos rojos y la subsecuente necesidad de que la médula ósea aumente su producción, lo que explicaría el crecimiento desproporcionado del tejido esponjoso; otros investigadores hablan de deficiencias alimenticias, pero no han podido hasta la fecha especificar cuáles.

Enfermedades venéreas

Las enfermedades venéreas son citadas en todos los textos del siglo XVI, tanto indígenas como europeos, hablándose sobre todo del "mal de bubas", lo que se caracterizaba por crecimiento e inflamación de los ganglios, especialmente los de las ingles, que sucedía en varios padecimientos de este tipo, principalmente los causados por treponemas, como la sífilis y el *yaws* o frambesia.

Las "podredumbres del miembro secreto" que mencionan los autores de la época, corresponden a cualquier supuración del pene, con la gonorrea como una posibilidad importante.

Es un hecho que la sífilis existiera en América antes de la llegada de los españoles, hecho comprobado por lesiones óseas características encontradas en huesos prehispánicos, aunque debo hacer notar que lo de "características" ya no se toma hoy en día como de sífilis en especial, sino de lesión causada por un treponema, pues se ha comprobado que, sin aislar el germen es absolutamente imposible distinguir entre una lesión debida a sífilis y una por frambesia, por ejemplo. Sí es de notar que entre las poblaciones americanas en nuestro caso las nahuas, no se ha sabido que las trepanomatosis produjeran brotes epidémicos, como sucedió en Europa en el siglo XVI, lo que podría hablar de la antigüedad de dichos padecimientos en el nuevo mundo, a la vez que de la estabilidad ecológica alcanzada en pueblos en los que la sexualidad no había sido tan seriamente reprimida como en la Europa medieval.

Paludismo

Mencionaba al inicio del presente capítulo que varias relaciones geográficas hablan de las fiebres intermitentes, algunas inclusive añaden el apellido de tercianas y cuartanas, como un padecimiento que existía antes de la llegada de los españoles. Esto plantea un grave problema, ya que los especialistas en paludismo han llegado a esclarecer que éste proviene del viejo mundo y que fue diseminado en el nuevo por los establecimientos de esclavos africanos. Posiblemente existieran en México, y ahora me refiero específicamente al Valle de México, ya que los textos a que me refiero provienen de pueblos situados en las orillas del lago de Tezcoco, otros tipos de plasmodium diferentes del falciparum, que es el que ha causado estragos en los últimos siglos en las poblaciones indígenas para quienes era totalmente desconocido. El descubrimiento reciente de otros tipos de paludismo en monos, ha venido a abrir posibilidades muy interesantes en este asunto.

Las epidemias

La información de que disponemos concuerda al decir que no había epidemias en el México prehispánico, aunque debemos reconocer que estaban idealizándose ante la gran cantidad y variedad de problemas de esta índole que se desencadenaron a raíz del contacto con Europa. Tenemos datos de una gran epidemia que asoló al altiplano mexicano entre 1450 y 1456, asociada con varios años de malas cosechas y la hambruna consecuente. Definida por los cronistas tezcocanos como "catarro pestilencial", probablemente fue en su inicio una influenza epidémica, aunque parece ser que después se complicó con la aparición de otros muchos padecimientos que se ensañaron en una población minada por el hambre.

De las epidemias de 1496 en Tehuantepec y otros poblados vecinos y de 1507 en Tuctepec e Itzititlán, ambas citadas por los Anales de Cuauhtitlán, solamente sabemos que existieron.

Comparada la situación con la del viejo mundo, donde la peste, el cólera y la viruela, por sólo mencionar las más funestas, eran una amenaza constante suspendida sobre las cabezas de sus habitantes, en el México central existía un equilibrio entre el hombre y el medio. Si el tremendo incremento de la población en esa área durante el siglo XV y los primeros años del XVI estaba rompiéndolo y el hambre y las epidemias eran una amenaza cotidiana es algo que no puede pasar de conjeturas, ya que la llegada de los españoles cambió radicalmente el panorama. Con ellos llegaron la viruela, el sarampión, formas aquí desconocidas del tifo y tal vez la peste, la lepra, el paludismo "maligno", a más de las innumerables enfermedades y padecimientos condicionados por la explotación y las desventajosas condiciones sociales a las que fueron expuestas las poblaciones recién sometidas.

5

COSMOVISION

Toda cultura ha desarrollado una manera que le es propia de comprender la estructura y dinámica del universo, el lugar que ocupa en él, y el papel desempeñado por el hombre. Cuando las condiciones históricas, su inventiva y sensibilidad no se lo han permitido, ha hecho suya —imprimiéndole rasgos propios, claro está— la que emplean otras culturas, vecinas suyas en el tiempo y el espacio. A la matriz interpretativa así lograda es a lo que se denomina cosmovisión.

La función principal de la cosmovisión es ubicar al hombre en el universo estructurando los sistemas ideológicos del grupo en cuestión en un todo coherente y congruente. Son pues las cosmovisiones sistemas de vínculos y relaciones y tienen un campo de acción más amplio y dan base común a varios de estos sistemas ideológicos que, por definición, operan en ámbitos bien delimitados. La religión, la filosofía, la magia, la medicina, la ciencia, la moral, la ley, etcétera, tienen que ver, como sistemas ideológicos que son, con la cosmovisión. Ninguna de ellas es la cosmovisión, porque todas participan de ella y contribuyen a conformarla. En las ciencias del hombre, en las que la verdad sabemos que es relativa, sólo parcialmente verdadera, se aspira cada vez menos a establecer el hecho científico en sí, y cada vez más a detectar y comprender la congruencia que guardan entre ellos sus componentes. Quizá por eso, al ser estudiadas las culturas surge necesariamente la urdimbre que da cuerpo a la malla de sus manifestaciones y que las hace consecuentes entre sí.

Al tratar de establecer los elementos para hacer accesible la comprensión del universo, la cosmovisión opera poniendo en relieve los principios que se determinan, al ella hacerlo, como rectores de tal comprensión; pueden pertenecer a uno de los sistemas o provenir de varios de ellos, pero siempre proporcionan bases para ordenar, es decir, para clasificar. Esta es la razón de que se haya llegado a confundir cosmovisión con taxonomía, pero ésta es simultáneamente la razón de que a través de los sistemas clasificatorios se pueda penetrar al universo creado por la cosmovisión a partir de y en reflejo con el universo real.

Con este criterio y considerando a la medicina como un sistema ideológico y no como una forma absoluta de determinar la realidad, pienso que no es factible entender el significado verdadero de las prácticas y creencias médicas de ninguna sociedad, si no se tiene continuamente ante sí la referencia de su cosmovisión que, repito, es la que las hace congruentes con su concreta realidad social.

La estructura del cosmos en el pensamiento náhuatl parte de dos conceptos básicos: el de los intentos dialécticos repetidos para buscar un orden ideal, manifestando en las creencias acerca de la existencia de cuatro mundos previos al nuestro y el de la ordenación del mundo actual siguiendo un eje vertical cuyo centro corta en su centro a la superficie de la tierra sobre la que habita el hombre.

No entraré en detalles descriptivos acerca de los cuatro soles pretéritos, sólo me limitaré a comentar algunos aspectos generales. En primer término, la sola consideración de su existencia lleva a plantear la cuestión de la finitud. La posibilidad sola de que el sol y el mundo al que alimenta con su calor pudieran ser destruidos y, aún más, la creencia de que esto sucedía periódicamente, ubica al hombre prehispánico en una situación de doble inseguridad frente al cosmos. Sólo Ometeotl, el dios creador de cuyo principio nadie habla, poseedor de la doble naturaleza masculina y femenina y como tal, de todos los contrastes, dualidades y polaridades que hacen factible que el universo exista, era considerado fuera del tiempo, inmanente y, por lo tanto, dotado de las características de la eternidad. Todo el resto del universo es ya producto de creación y, habiendo tenido un principio debería lógicamente tener fin. Hombre, animales, espíritus, seres celestes o del inframundo, planetas, dioses, todos habrían necesariamente de morir; lo que variaba era la duración de la vida de cada uno de ellos. La muerte alcanzaba a todos los seres. Los mitos y leyendas hablan acerca de la muerte de los dioses. Recordemos que en sus templos guardaban el bulto mortuorio del dios, protector del pueblo, del barrio o de la ciudad, y que éste contenía los huesos de dicho dios.

El segundo punto a considerar es el de la duración, el problema del tiempo. En la visión nahua del mundo el tiempo que tenía un significado muy especial: aparentemente vectorial, es decir, siguiendo una línea provista de una dirección definida que pudiera identificarse como la que procede del nacimiento a la muerte y, aquí está la particularidad, la que también conduce de la muerte a la vida. Esto no quiere decir que se creyera en círculos de transmigraciones, sino que cada muerte tiene forzosamente que generar nueva vida, una vida transformada que representa un paso más en la línea, la cual no lleva obligatoriamente hacia arriba ni hacia abajo, sino que solamente avanza. Estos vectores conducen siempre al fin de un lapso, por ejemplo la muerte de un individuo o la catástrofe final de uno de los soles cosmogónicos, pero cada una de estas terminaciones provoca una nueva creación, lo que convierte al esquema general en cíclico.

El tiempo humano entronca y se entrelaza con el tiempo mítico, más largo, que representa la duración de ciclos de vida de los astros y, por lo tanto, de los dioses identificados con ellos. Se habla entonces de lapsos de duración variable dependiendo de la fuente que leamos, pero siempre desmesurada en relación con la vida humana. Este es el tiempo de la vida cósmica, el de los soles. Es de señalarse el que la duración atribuida a cada uno de ellos en la mitología prehispánica, independientemente de que varíe de acuerdo con el texto consultado, nunca tiene que ver con la extensión en el tiempo de periodos geológicos, y menos aún con la inmensidad del tiempo cósmico tal y como ha llegado a precisarlo la ciencia moderna. La duración de los soles y, consecuentemente de los mundos, es expresada en términos de duración histórica, es decir, de lapsos que son compatibles con el desarrollo de las civilizaciones. De alrededor de cuatro mil años en el tiempo atribuido al mundo. El hombre,

Tzapotlatenan era una de las diosas madres y estaba directamente asociada con el arte de curar. Era la deidad patrona de médicos y parteras. En el mito se le atribuía el descubrimiento del uso del óxitl, la resina obtenida del pino, que era uno de los remedios más usados en el tratamiento de heridas y traumatismos.

Códice Matritense.

mediante el cumplimiento de un destino puede trascender su tiempo y llegar a participar con los astros de una más larga expectativa de vida: de la pira en que fue incinerado Ce Acatl Topiltzin surgió su corazón para convertirse en el Lucero Matutino; del altar de los sacrificios una de las entidades anímicas, el *tonalli*, de los guerreros surgía para participar en la vida solar.

Este tiempo astral, en la sucesión de los soles, expresaba también la de las diferentes posibilidades para la realidad concreta del mundo, las cuales dependían de quién era la deidad creadora, constructora de cada mundo en cuestión, y de cuál era la estructura, así como de cuáles las influencias dominantes que descendían de los cielos y ascendían del inframundo dando su significado a los punto cardinales, que es por donde dichas influencias se hacían sentir y afluían al mundo habitado por los hombres.

En un momento hablaré de estas características, pero bástenos por ahora insistir en que estas posibilidades de variación cósmica se habían agotado en los cuatro soles anteriores, representativo cada uno de ellos de uno de los puntos cardinales, y el quinto sol, el sol del centro, a la terminación del cual los cielos caerían sobre la superficie terrestre en un cataclismo que debía ser definitivo y complementado por la muerte de absolutamente todos los hombres, devorados por los seres de los mundos anteriores que surgirían de la tierra para ello, y por los seres malignos que descenderían de los cielos.

Se llegaría así al fin de los tiempos, el cual a la vez se abriría para dar lugar a otro tiempo astral, nuevamente ordenado desde los más altos cielos, morada del Ometeotl, en el que habría de darse otra serie de posibilidades. El tiempo entonces, nuevamente se manifiesta como cíclico e insertado en un devenir de más larga duración que es justamente el de la sucesión de los ciclos que, a su vez, entraría en el momento adecuado a cadenas cada vez más durables y más amplias en cuanto a los sectores del universo afectados por ellas, cada vez más cercanas al *omeyocan,* sitio eterno donde se generaban todas las series de creaciones posibles.

Dentro de este contexto debe resaltar una característica muy especial, que es la consideración de la posibilidad de que, al cabo de muchos ciclos, si coincidieran las situaciones determinantes para la creación de un mundo, éste pudiera ser exactamente igual a otro que había existido muchísimo tiempo antes, y podría ser exactamente igual a alguno que apareciera mucho tiempo después. "Otra vez será así, otra vez así estarán las cosas, en algún tiempo, en algún lugar", registró Sahagún en el Códice Florentino.

Esbozados el concepto del tiempo y su importancia para la comprensión del universo, pasemos ahora a la exposición de la estructura de éste.

He hablado de cielos e inframundo, de seres e influjos que ascienden y descienden, y todo esto es entendible sólo dentro del contexto de la imagen física que se tenía del universo. Este, se pensaba, estaba conformado por tres grandes sectores dispuestos sobre un eje vertical: el celeste, constituido por trece pisos; el del centro, la superficie de la tierra, en el que habitaban los hombres y el inframundo, con nueve pisos. Tenemos así una división dual en la que los cielos y las áreas situadas abajo de la superficie terrestre forman los dos polos, en tanto que la tierra, ubicada centralmente en relación con este eje sirve simultáneamente de nexo de unión entre ambos y de receptor de las acciones generadas en ellos.

Detengámonos por un momento para ver qué eran estas divisiones del universo. Siguiendo el esquema proporcionado por el Códice Vaticano Latino 3738, que es bastante completo, puede verse que los dos cielos más altos, el duodécimo y el décimotercero, están dados como uno solo, hecho frecuente en textos y pictografías prehispánicos y que es llamado *omeyocan*, o sea, el lugar de la dualidad. Considerado lo anterior no debe extrañar ni ser tomado como un error el que algunas fuentes y los autores modernos que las siguen, hablen de doce cielos.

Los cielos noveno, décimo y undécimo, son llamados genéricamente según el color del dios que los habitaba: cielo del dios que está blanco, del que está amarillo y del que está rojo. Del octavo se hace referencia a una característica "lugar que tiene esquinas de lajas de obsidiana", en tanto que el séptimo y el sexto se denominan, de acuerdo con su propio color: cielo que está verdiazul y que está negruzco, respectivamente. Al quinto se le conocía como "cielo donde está el giro" (Ilhuícatl mamalhuacoca); aludiendo probablemente el nombre al cambio que allí reunía entre los verdaderos cielos, que eran los nueve que he enumerado y los cuatro inferiores, que pertenecían a la zona del centro.

Señalada esta nueva división, se tiene una imagen del universo en espejo, con nueve cielos y nueve pisos en el inframundo, en tanto que cuatro pisos, bien llamados cielos inferiores, y la superficie de la tierra constituían la zona del centro, marcando así también el número cinco de sus posibilidades de ordenamiento. Estos cuatro cielos eran el de Tlalocan y la Luna, el más bajo; el de Citlalicue, el del Sol y el del lugar de la sal, enumerándolos en orden ascendente, siendo este último donde moraba Huixtocíhuatl, diosa de las saladas aguas del océano que circundaba a la superficie de la tierra y se elevaba en columnas que la circundaban, envolviendo los tres primeros pisos, hasta tocar y servir de base a los cielos propiamente dichos.

Hacia abajo, como hemos visto, había nueve pisos más, mal llamados infiernos por los cronistas del siglo XVI, y a los cuales he mantenido la denominación que me parece más correcta de regiones o zonas del inframundo. López Austin les llama, también correctamente, pisos terrestres, teniendo esto la ventaja de significar que estaban considerados como ubicados en el interior de la tierra, imagen sumamente sugestiva que haría figurar a la tierra como una inmensa matriz en cuya entraña estuvieran incluidos dichos nueve pisos, lo que, manteniendo la dualidad arriba-abajo, resuelve también el problema del límite inferior del universo, que de otro modo quedaba abierto. Los nombres que ofrece el mismo Códice Vaticano Latino 3738 para los pisos del inframundo, se refieren a aspectos físicos que explican la visión del universo y a los riesgos que correrían los muertos en su peregrinación al Mictlan, su lugar propio, ubicado en el noveno piso del inframundo. La tierra, ahora por su parte inferior, o interna si se quiere, era el primero de estos sitios; el Apanohuayan lugar por donde pasan las aguas, el segundo; Tepetl Monanamicyan, donde se encuentran los cerros, el tercero; Itztépetl, cerro de obsidiana, el cuarto; Itzehecayan, lugar del viento de obsidiana, el quinto; Pancuecuetlacayan, donde tremolan las banderas, el sexto; Temiminaloyan, donde es muy flechada la gente, el séptimo; Teyollocualoyan, donde son comidos los corazones de la gente; el octavo y el Itzmictlan Apochcalocan, el lugar de obsidiana de los muertos; lugar sin orificio para el humo, el noveno.

Hay dos puntos que pienso requieren ser resaltados: la existencia de un lugar en el inframundo, un piso, por el que pasan las aguas, manifestándose así la idea de que éstas no rodean todo el universo sino sólo los pisos centrales, y la concepción de que las raíces de los cerros estaban profundamente ancladas en las entrañas de la tierra. Ambos son importantísimos a mi modo de ver, ya que hacen comprensible la creencia que se tenía de que los grandes cerros con sus cumbres cubiertas de nubes escondían el acceso al Tlalocan, el paraíso de Tláloc ubicado en el primer cielo inferior al que iban los ahogados, los fulminados por el rayo, y todos los demás muertos por enfermedades relacionadas con dicho dios, a disfrutar de una prolongada primavera que duraría hasta el fin del quinto sol, a la vez que sus cuevas y oquedades podían dar entrada a las profundidades del inframundo.

La consideración de estos hechos ofrece asimismo posibilidades para comprender el porqué dioses como Tláloc incluían en sus acciones aspectos tan contradictorios como enviar enfermedades frías relacionadas con las aguas, y controlar la acción de plantas que, como el *ololiuhqui* (curbina corymbosa), por ejemplo, eran considerados de naturaleza celeste, y por ende caliente, en tanto que en algunos textos de la época se les califica de fríos. Todas estas ambigüedades deben tomarse en cuenta dentro del marco de referencia de la característica del centro, que es su participación, o mejor dicho la intrusión en él, de las influencias del arriba, el cielo, y el abajo, el inframundo. Dichas influencias acaecían cotidianamente en la región del centro entre los cuatro primeros cielos, la superficie de la tierra viendo hacia arriba, viendo hacia abajo, y las dos primeras regiones infraterrestres: aguas, rayos, vientos, seres de diversa índole iban y venían pudiendo causar modificaciones en el equilibrio del área, ya a nivel de individuos o partes de ellos, ya causando cataclismos.

La superfice de la tierra era concebida como un rectángulo y era en realidad un plano horizontal que cortaba en dos el eje vertical del universo. Lugar de lo relativo, en ella eran representadas las características de los otros sitios del universo y esto era lo que en última instancia representaban los puntos cardinales, pétalos de una inmensa flor en cuyo centro, verde esmeralda, se encontraba el eje del universo. Si el centro era verde, cada una de esas cuatro divisiones tenía también su color: negro el norte, blanco o amarillo el oeste, azul el sur y rojo el este. Las características del cielo y el inframundo también eran reflejadas sobre este plano horizontal, por ejemplo este-masculino y oeste-femenino, norte-muerte y sur-vida, oriente-nacimiento y poniente-muerte, etcétera.

Estructuralmente se creía que el hombre vivía en la intersección del eje vertical del universo y el plano horizontal de la superficie terrestre, en el centro del centro, y su nombre Tlácatl, que también significa mitad, el de la mitad, tal vez alude también a esto.

Ahora bien, ¿por dónde bajaban y subían seres e influjos a la superficie terrestre? En primer término por las que llamaré convencionalmente vías principales: el eje central del universo y los cuatro pilares que, a veces bajo la forma de árboles cósmicos, situados en cada uno de los extremos del plano horizontal, sostenían los cielos. Dos pares de tiras helicoidales entrelazadas y en constante movimiento representaban el ir y venir de las influencias sobrenaturales. Representadas por el glifo *malinalli* cuando enteras, o por *ollin*, al considerarse uno de sus segmentos son símbolo del movimiento característico de la vida y el devenir. Quedan en segundo término los lugares peligrosos, *ohuican*, sitio de subida a los cielos o, más frecuentemente de entrada al inframundo. Cuevas, manantiales, cumbres de los cerros por los que, de una manera más restringida, había movilidad e impacto entre otras características.

La relación de ambos ejes del universo, el vertical y el horizonte establece secuencias que, al ser medidas, caen dentro del dominio del tiempo, permiten que se inscriban en el calendario y, más específicamente, en el *tonalpohualli* o calendario adivinatorio. En él se podía leer la sucesión de movimientos en la ordenación del cosmos, plasmada en los ciclos calendáricos. Las fuerzas generadas en los diversos sectores del universo fluían por los árboles cósmicos en días prefijados: por el del norte en los días ocelote, muerte, pedernal, perro y viento; en los días venado, lluvia, mono, casa y águila, por el del oeste; por el sur en días flor, *malinalli*, lagartija, zopilote rey y conejo; por el este en *cipactli*, caña, serpiente, movimiento (*ollin*) y agua.

Los años también estaban sujetos a esta definición siendo los años pedernal determinados para que se recibieran influjos por el árbol del norte, los años casa por el oeste, los años conejo por el sur y los caña por el este. Del entrecruzamiento de todas estas características se derivaba la situación concreta de cada siglo, de cada año, de cada día y, en el momento de extenderse estos órdenes a tiempos más largos se imponían secuencias sobre secuencias siguiendo para su establecimiento el mismo esquema helicoidal que imprimiría así giros sobre su propio eje de secciones concretas del universo.

El hombre

Sobre esa superficie de la tierra e interviniendo en situaciones bastante específicas en las áreas inmediatas a ella, se encuentra el hombre. A mitad del camino entre el cielo y el inframundo, el hombre participa de las propiedades y características de los dos, es el ser del centro, concebido en un equilibrio precario, ubicado en un sitio donde el tiempo y con él la vida, son fugaces. Las leyendas acerca de la creación de los seres humanos hablan siempre de la participación de los dioses en ella. Los propios dioses primarios fueron quienes crearon a la primera pareja humana, fuera del tiempo, antes de la ordenación del universo. Esta pareja, Oxomoco y Cipactonal, no es de seres humanos en el pleno sentido de la palabra, sino de arquetipos de ellos. Nunca se habla de su infancia, ni de su muerte, quedando allí como inventores y patronos de artes y oficios, de la actividad humana. Ellos inventaron el calendario y con él el cómputo del tiempo; siguiendo el mandato de los dioses empezaron, él, a labrar la tierra, ella, a hilar y a practicar la magia y la medicina.

En cada uno de los soles fueron creados nuevos hombres y destruidos con el sol correspondiente, siempre mediante la acción de los dioses. Para crear a los habitantes del Quinto Sol, el sol del centro, la versión más difundida del mito hace descender a Quetzalcóatl a la región de los muertos a solicitar de Mictlantecuhtli, el señor de aquel lugar, el permiso para llevar a la superficie de la tierra los huesos y cenizas de los hombres de los soles pasados. Fueron llevados por él a Tamoanchan, un lugar mítico siempre relacionado con las creaciones, molidos por Quilaztli, una de las diosas de la fecundidad y la maternidad, y regados con la sangre que el mismo Quetzalcóatl extrajo de su pene; de la masa así obtenida, surgió el primer hombre un día después, y la mujer al cuarto día. Materia proveniente de edades pretéritas y perteneciente al inframundo, y sangre divina, es de lo que está hecho el hombre.

Entendido su origen, que lo coloca en el centro, tanto del universo considerados sus dos planos, como por su pertenencia al Quinto Sol, el sol del centro, agotadas las posibilidades de los cuatro puntos cardinales por los cuatro soles anteriores, queda por ver qué vínculos unían al hombre con los otros sectores del universo y cómo influían en su vida. En dos grandes grupos pueden dividirse estos nexos: el que comprende las entidades anímicas y el que incluye las relaciones astrológicas. Ambos son a la vez traducción de características estructurales y funcionales.

Las entidades anímicas

Por mucho tiempo los estudiosos se enfrentaron con serios problemas cuando hablaban del concepto del alma que tenían los nahuas. Al tratar de un alma se hablaba de funciones contrapuestas o se llegó inclusive a chocar con faltas evidentes de sentido como el afirmar que el alma era el principio vital indispensable para mantener con vida al cuerpo junto con la aseveración de que, en ciertas condiciones, o en algunos individuos con características bien definidas, el alma podía salir temporalmente del cuerpo y aun llevar a cabo acciones fuera de él. Recientes estudios han puesto en relieve la existencia de tres entidades anímicas fundamentales para la integración del ser humano y cuyo mismo ser y diferente orientación funcional resuelven dichas contradicciones. Revisemos someramente sus principales características.

La primera de estas entidades es el llamado *tonalli*, sustantivo que denota irradiación, calor solar, día, destino determinado por el día en que se nace. Era enviado de los cielos al niño antes de su nacimiento, probablemente del quinto de ellos, el límite entre los superiores y los inferiores, y reforzado después mediante el ritual que le transmitía, a los pocos días de nacido el *tonalli* propio del día de su nacimiento. Dentro del organismo se le situaba en la cabeza, probablemente en el cerebro y era el responsable de la fuerza transmitida a través de la mirada; podía salir del cuerpo por espacios de tiempo cortos; producía el crecimiento de los niños, el apetito y las apetencias, el estado de vigilia e intervenía, junto con el *teyolía*, en la facultad de pensar. Siendo celeste, solar, era de naturaleza caliente y hay textos que indican que se le puede identificar con "la sombra" del individuo, aun cuando no existe ninguno que lo haga específicamente. La inconciencia, cualquiera que fuera su causa, la ebriedad, el coito y el sueño, son condiciones en las que normalmente se pensaba que el *tonalli* salía del cuerpo. De la cabeza, el *tonalli* irradiaba su fuerza hacia el resto del cuerpo, siendo regulado por las otras dos entidades anímicas, el *teyolía* y el *ihívotl*.

El *teyolía*, la segunda entidad, era situado en el corazón. De naturaleza también proveniente del mundo superior, sostiene López Austin, tomando en cuenta datos etnográficos, que es de suponerse fuera dado al niño por los dioses patrones de cada *calpulli* desde el momento en que entrara al vientre materno. Una purificación con agua llevada a cabo pocos días después del nacimiento, limpiaba a la criatura de cualquier contaminación adquirida dentro del vientre materno. La vitalidad es su primera característica, no pudiendo existir vida en su ausencia. Por eso el corazón y la sangre contenida por él eran el alimento indispensable para mantener con vida a los dioses. Caliente por su naturaleza celeste, el *teyolía* se trocaba en frío después de la muerte de su poseedor, tras la cual debía esta entidad de iniciar su peregrinar por el inframundo hasta llegar al reino de los muertos. Este último dato orienta a pensar que el calor del *teyolía* tenía una relación directa con la presencia del *tonalli* y se enfriaba al carecer de ella. La vida afectiva, en lo tocante a afecciones y tendencias era derivada de las funciones del *teyolía* pero, sobre todo, éste definía la capacidad de pensar. En líneas anteriores había mencionado la relación del *tonalli* con el pensamiento. Sin embargo no deben ser confundidas sus funciones con las del *teyolía*, como no lo eran por parte de los sabios nahuas. Al parecer la actividad de este último se refiere directamente al pensamiento organizado, congruente, racional, a la capacidad de adivinar, a los vuelos de la imaginación. Es muy significativo que "hacer girar el corazón" sea una expresión náhuatl para denominar a la locura y que la palabra *teyollomiqui* que quiere decir etimológicamente "muerto del corazón" haya sido interpretada como significando tonto, "boto de ingenio", para usar las palabras transcritas por Fray Alonso de Molina en el siglo XVI.

En el hígado se encontraba la tercera de las entidades anímicas, llamada *ihíyotl.* La menos documentada entre ellas, se relacionaba fundamentalmente con la vida emocional, de manera que cuando el hígado no era capaz de controlarla y encauzarla salía del cuerpo como emanación y era capaz de causar daño a otros seres que entraran en contacto con ella. La alegría y el placer eran

Fundamental en el panteón nahua, es Tezcatlipoca, el dios que encarna en el Quinto Sol el principio de destrucción. El es el sol nocturno, representa el castigo, es el dios de la magia negra y de la hechicería, es quien envía al pueblo castigos tales como epidemias y calamidades o locura a los individuos.

Códice Borgia.

reflejo de la acción del *ihíyotl* en un hígado fuerte, unificado en sus funciones.

Dotado de estas tres almas que debían actuar en concierto para que su poseedor pudiera desempeñarse adecuadamente en el mundo, el hombre estaba además expuesto a recibir los influjos de otros seres que moraban en zonas del mundo próximas a la suya como el sol, la luna y las estrellas y otros cuerpos astrales; en fin, como la fuerza cósmica hecha patente a través de cada uno de lo signos calendáricos. El *tonalli* del hombre, tomando ahora el término en su acepción de destino, estaba cifrado en lo que querían decir, en la fuerza —que podía ser positiva o dañina—, que le trasmitía el signo calendárico propio del día de su nacimiento o de su purificación lustral si se decidía cambiarlo para alejar malos presagios. Cada hombre personificaba toda una serie de influjos astrológicamente predecibles, con los cuales debería arrastrar los riesgos y peligros que le deparaba el destino. Pero, al mismo tiempo, la composición misma de su cuerpo era ya de por sí expresión de la acción de algunas de esas fuerzas.

Ha llegado a nosotros, en el Códice Vaticano Latino, un esquema de correspondencia entre los órganos del cuerpo y los signos calendáricos, relacionándose el corazón con el signo *ollin* (movimiento), el hígado con *cipactli* (el animal de la tierra), el pene con *coatl* (culebra), el pie con *mazatl* (venado), los intestinos con *malinalli* (hierba retorcida), la matriz con *cuetzpalin* (lagartija), el corazón con *izcuintli* (perro), etcétera. Se ha objetado que el encontrar estos datos en un texto indígena, pero escrito a mediados del siglo XVI, hablaría de influencia europea, ya que la astrología era un elemento muy importante en la cultura de la época, y los signos calendáricos prehispánicos aplicados a las partes del cuerpo serían solamente sustitutos de los signos zodiacales. Sin embargo, la existencia de antecedentes prehispánicos de lo que entonces era llamado "astrología judiciaria", en la que se tomaba en cuenta las influencias más que astrales, de los cuadrantes del calendario adivinatorio, y de los múltiples datos referentes al destino y la ventura de los seres humanos determinados asimismo en función de ellos, permiten pensar que tales creencias tienen un claro origen prehispánico.

Así conceptuado, el hombre como criatura hecha por los dioses, dependía de ellos en la vida y en la muerte, en las influencias para él decretadas según el día en que nació y en el que fuera purificado. Pero tenía a su disposición el ritual mediante el cual siempre podía hacer el intento de que se repitieran una y otra vez las acciones tal y como sucedieron en el mito. Tenía también la posibilidad de llevar a cabo oraciones, sacrificios, de emplear amuletos y talismanes, en una palabra de congraciarse con los dioses y muy especialmente con los protectores de la localidad del *calpulli* o del grupo —como era el caso de Huitzilopochtli y los mexicas. También, acudiendo a la educación, al autosacrificio, a la observación de los cielos y del mundo conformaría una personalidad denominada metafóricamente "un rostro y un corazón" y adquiriría más posibilidades para sortear las dificultades y problemas de la vida. Débil ante las fuerzas cósmicas, pero dotado de inteligencia y raciocinio que le permitían tomar posiciones y efectuar movimientos encaminados a dirigirlas y encauzarlas, el hombre prehispánico buscó intensamente una mejor vida en la tierra y una mejor opción para trascender en el tiempo. La respuesta a lo primero la da mediante su concepción de la salud y la enfermedad y los recursos usados para mantener la primera y combatir a la última.

LA CONCEPCION DE LA ENFERMEDAD

Conocer las enfermedades que padecían los antiguos nahuas no quiere decir, en forma alguna, que sepamos qué pensaban acerca de ellas y mucho menos que entendamos su pensamiento al respecto.

En el capítulo anterior me he referido a la presencia o ausencia de algunas enfermedades, y con ello he tratado de proporcionar al lector un marco de referencia que, por ser común en muchos de sus componentes, hace menos difícil el acercamiento a los problemas de salud de nuestro pueblo en otro momento histórico y en otro contexto cultural. En las páginas que siguen intentaré expresar otro género de conocimiento y acercamiento a dichos problemas de salud; se trata precisamente del estudio de las diferencias que los separan de nosotros, de las interpretaciones mediante las cuales ellos intentaban comprender y explicar las diversas enfermedades y, subsecuentemente, establecer las maneras adecuadas para contrarrestarlas y combatirlas.

Cuando se intenta estudiar sistemas de creencias, y eso son precisamente los conceptos sobre enfermedad y las formas de padecerlas, se entra en un terreno por demás resbaladizo, ya que no se dispone de medios ni parámetros válidos en cualquier circunstancia. Ya no es posible en la actualidad pretender que poseemos la verdad científica absoluta —ni de ninguna otra—, a lo más podemos presumir de poseer un método más preciso y selectivo para distinguir lo verdadero de lo falso, y de habernos enfrascado en la prosecución de un camino en el que conforme podemos discriminar mejor la verdad vemos también la parte falsa del contenido de lo que hasta ahora creíamos verdadero.

Con esta perspectiva ya menos podemos juzgar como absolutamente falsas las actitudes y creencias de otros pueblos o entornos socioculturales distintos del nuestro. Lo más que podemos decir es que nuestro conocimiento es mejor para nosotros, como el conocimiento alcanzado por esos otros pueblos era mejor, quizá el mejor, para ellos y sus requerimientos del momento. Tal vez esta perspectiva permita una mejor comprensión del porqué subsisten en nuestros días y ante una tecnología más desarrollada y un conocimiento médico y biológico más preciso, formas de pensamiento que llamamos genéricamente mágico-religiosas y se mantiene un apego poco comprensible para nosotros hacia tradiciones que nada tienen que ver con el conocimiento científico. No debe olvidarse a este respecto que la diferencia no estriba en un acopio mayor o una precisión más fina en el conocimiento, sino que es cualitativa e implica una forma diferente de concebir al mundo y las relaciones que con él mantiene el hombre.

Visto así el planteamiento general del problema sale prácticamente sobrando la crítica que en una publicación reciente hacía yo a la manera con que los médicos acostumbramos abordar el estudio de la enfermedad en la cultura nahua, aplicando los conceptos de nuestra propia concepción de la enfermedad y las estructuras de nuestra propia práctica médica a dicha cultura. Simplemente no tiene ningún valor el forzar significados y decir que por describir las crisis convulsivas e individualizarlas los médicos nahuas conocían la epilepsia con todo lo que ese término significa para nosotros. Quiero insistir ahora en que la descripción de un padecimiento puede no tener nada que ver con la manera en que éste sea interpretado. La posesión de un individuo por parte de un dios o un ser sobrenatural no tiene relación alguna con una descarga de la corteza motora del cerebro, aunque ambas posibilidades puedan explicar satisfactoriamente, a hombres de culturas diferentes por supuesto, la génesis de una crisis convulsiva.

Todo lo anteriormente expuesto sirve para insistir una vez más en que si tenemos la intención de aproximarnos al sistema de creencias sobre salud y enfermedad de otro pueblo, como el nahua prehispánico debemos, como primer paso, identificar sus propios principios básicos y tomarlos como punto de referencia y de partida. De otro modo sólo lograremos interpretaciones de interpretaciones que forzosamente estarán muy alejadas de la realidad. Creo necesario reafirmar otro punto más: si estudiamos un sistema de creencias, él mismo es precisamente el fenómeno que vamos a analizar, él es la realidad a estudiar, independientemente de que esté cerca o lejos de la realidad del mundo físico tal y como la concibe nuestra ciencia.

Esto también quiere decir que no debemos mezclar con esa realidad que estudiamos criterios derivados de nuestra propia manera de ver el mundo, como serían los de magia, religión y ciencia que, introducidos por el pensamiento positivista durante el siglo pasado, han sido constituidos por el hombre de ciencia occidental como parámetros universales, cosa que distan mucho de ser. Es fundamental tratar de asir a la cultura estudiada o su manifestación particular, como es en nuestro caso la medicina en su propia individualidad, y eso es lo que intentaré acerca de lo que los nahuas pensaban acerca de la enfermedad.

Uno de los problemas concretos que más han desviado la atención de investigadores y curiosos de lo que era en realidad la medicina náhuatl ha sido el hecho de que siempre se ha buscado esa realidad en forma unilateral. Se han puesto en relieve los elementos que más se parecen a lo que cada investigador concibe como pensamiento científico o, por el contrario, se han destacado todos aquellos que parecen mágicos, dependientes del deseo o del capricho divinos, ilógicos, salvajes, en una palabra, no científicos, dependiendo de que el estudioso en cuestión norme su actitud hacia la medicina náhuatl al considerarla como un sistema muy racional que prefigura siquiera parcialmente a la ciencia occidental moderna, o la vea como ejemplo de lo irracional y lo supersticioso. A la larga, aun cuando por ambos caminos se han obtenido valiosos conocimientos concretos, ninguno de ellos conduce a saber qué era la medicina náhuatl, sino a mirar imágenes distorsionadas.

Seguramente el lector se habrá dado cuenta que he estado hablando de medicina náhuatl en general y no de concepción náhuatl de la enfermedad, como el título del capítulo indica que se haría. La razón de esto estriba en que todo sistema médico gira alrededor del concepto que tenga acerca de la salud y de la enfermedad, siendo éste el que determina al fin y al cabo la interrelación entre enfermedad y sistemas de pensamiento, ideologías y otros elementos supraestructurales, por una parte, y las formas aplicativas concretas, por otra. En síntesis, creo que la única actitud metodológica válida en el momento actual para emprender un estudio como éste, consiste en tratar de mantener guardada y neutralizada la propia identidad cultural y tomar los datos tal cual surgen de los documentos, intentando conferirles su valor de acuerdo con la escala desprendida de ellos mismos y no de nuestras estructuras mentales.

Debo confesar que las ideas y conceptos que expongo a continuación contienen diferencias, algunas esenciales, con apreciaciones que había ofrecido en textos anteriores. Creo que la imagen hoy lograda es más cercana a lo que fuera la concepción de los nahuas acerca de la enfermedad, aun cuando el tiempo y la escasez de material forzosamente la distorsionen.

La tendencia más generalizada hasta los últimos años ha sido la de exponer las coincidencias asombrosas, se ha repetido hasta el cansancio, que existen entre el conocimiento prehispánico y el moderno. En lo tocante a la enfermedad se limitó a decir "conocían", y a proporcionar listas más o menos largas de enfermedades y padecimientos a veces acompañadas por los términos equivalentes en náhuatl. Esto al menos proporcionó una buena cantidad de conocimientos en relación a sus nombres y, al tomar en cuenta la forma en que se crearon nombres nuevos para designar enfermedades nuevas, por ejemplo la viruela (hueyzáhuatl), también acerca de algunos de sus procederes para clasificarlas y, por lo tanto, para definirlas. Larga tarea queda aún por delante en el análisis de la conformación de grupos y subgrupos de enfermedades y padecimientos. Establecidas esas consideraciones, veamos ahora cuáles eran los lineamientos generales de tal concepción.

Concepto de salud y enfermedad

Ante todo quiero dejar asentado que el punto quizá más sustancial, y que nunca debemos olvidar para entender el meollo de tal concepción, es que al hablar de enfermedades ni los nahuas, ni sus médicos hacían referencia a problemas estructurales como la alteración de un órgano o la falta o deformidad de un miembro, sino que veían esto como resultado de cambios dinámicos ocurridos en el organismo. De tal manera, hay una diferencia radical entre los criterios de la ciencia actual, que durante los últimos ciento treinta años ha tomado como punto de referencia para hablar de enfermedad la lesión, siquiera microscópica, de un órgano o de sus componentes, y la náhuatl prehispánica que habla, en última instancia, de cambios funcionales.

El hombre, como individualidad inserta en el cosmos —y utilizo la palabra cosmos precisamente por su acepción original de orden, ordenamiento—, representa a la vez una fuerza que se contrapone y participa en los procesos universales. Vive, consume y produce energía; con su corazón y su sangre da alimento a los dioses. De la cuantía de esa fuerza, la cual varía de individuo a individuo, dependerá la medida de su participación y la efectividad de su contraposición. En un juego de fuerzas interactuantes consiste entonces el funcionamiento cósmico, y del mantenimiento de la propia fuerza dentro de ciertos límites así como del mantenimiento de los propios límites contra la intromisión de fuerzas ajenas se derivará la persistencia de la salud y de la individualidad, al fin y al cabo.

El concepto de límite es aquí fundamental, puesto que expresa las características del ordenamiento cósmico y enmarca las posibilidades de movilidad. No se puede sobrepasar el propio límite so pena de perder la individualidad, es decir, de morir sin trascender al integrarse al proceso cósmico. Lo opuesto, la trascendencia, era el destino de otros que, como los guerreros fallecidos en la guerra florida o sacrificados, o los señalados por Tláloc con muertes "acuáticas", o las mujeres muertas en su primer parto, adquirían por la calidad de su muerte una fuerza especial que les permitía participar en un destino que rebasaba las posibilidades de su destino humano original.

Equilibrio representaba entonces salud, y su ruptura enfermedad. Pero no hay que olvidar que equilibrio no significa inmovilidad, ya que esto también es muerte, sino capacidad para mantener un orden, un límite a las fuerzas internas y dirigirlas, vertirlas a veces, hacia el exterior, para continuar definiendo al individuo al contraponerse a las fuerzas actuantes. Así, las enfermedades se presentarán con intensidad e inclusive identidad clínica variables dependiendo de quién sea el agente productor, de quién las sufra, de la violencia de la agresión, del sitio u órgano afectado, de las condiciones particulares del paciente en ese momento, en fin, de la interacción de éstos y más factores.

Ahora bien, al mencionar estas variables he deslizado en el texto una palabra que tiene un significado muy especial: he dicho "quien" al hablar de la causa, del agente productor de la enfermedad, cuando seguramente un buen número de los lectores esperaba que dijera "qué". Por supuesto, esto no es casual. Decir "qué" significa hablar de cosas, objetivizar la o las causas de padecimientos, lo cual hasta donde sabemos, nunca estuvo en la mente del hombre prehispánico; decir "quien" es individualizar y eso es lo que siempre trata de hacer el médico náhuatl y, antes que él, el enfermo —si es que puede— y el círculo de familiares que lo rodea. Conste que con individualizar no quiero decir aquí separar unas enfermedades de otras, sino, además, identificar a los individuos, naturales o sobrenaturales, que son responsables de ellas. Individualizadas, es a la vez necesario precisar la causa.

Cuando revisamos algunos de los textos que hablan sobre medicina indígena, como el de Sahagún cuando se refiere a la confesión que hacían los enfermos o el más tardío de Jacinto de la Serna, que data de principios del siglo XVII pero que explora costumbres prehispánicas sumamente arraigadas en la tradición de poblaciones que conservaban prácticamente intacto el uso del náhuatl como vehículo de comunicación, acostumbramos dejar de lado ciertas observaciones que no parecen racionales a los ojos occidentales, pero que son totalmente congruentes con los principios que aquí expongo. En dichos textos se pregunta no por qué la enfermedad afecta al paciente sino qué deidad podrá estar ofendida, y es importantísima en esas circunstancias la relación guardada por el enfermo con el dios de la localidad, el santo de su pueblo. Eso dice Ponce de León al recopilar información de indígenas también en el siglo XVII sin reparar en la transición que había ocurrido de una creencia a la otra.

Dioses, seres sobrenaturales de muy diversas clases, hombres malévolos y toda una larga serie de seres y

—diríamos nosotros— objetos de la naturaleza a los que se consideraba dotados de voluntad propia y, por lo tanto, capaces de ayudar o dañar, o bien que podían ser el disfraz de otro ser más poderoso o simplemente su vehículo para la acción, eran las causas más frecuentes de padecimientos muy diversos.

En términos generales podría dividirse a las enfermedades en dos grandes grupos: aquéllas en las que se introduce al cuerpo del paciente algún ser u objeto extraño, y aquéllas en que el enfermo pierde o ve disminuida alguna de sus entidades anímicas. Prácticamente todos los mecanismos de acción de los más diversos seres pueden encuadrarse en estos grupos. Sin embargo, dejado así el planteamiento pudiera ser válido para cualquier cultura de las que existen o han existido en el mundo, excepción hecha de la ciencia occidental, y eso si dejamos aparte aquellas enfermedades que se explican mediante la teoría microbiana, que al fin de cuentas caben en el grupo de introducción de un ser ajeno. Es necesario, para caracterizar el concepto náhuatl, acercarnos a ejemplos concretos.

La acción de los dioses

Empecemos por los dioses. Es claro para el pensamiento prehispánico náhuatl que uno de los papeles fundamentales de los dioses era proteger a sus fieles, pero también lo era exigirles reverencia y culto. El hombre no puede vivir sin los dioses, pero expresaba un poema, ¿qué sería de los dioses sin hombres que los adoraran? Esta expresión de una necesidad establece a su vez relaciones recíprocas. El cuidado y la ayuda divina se oponen al castigo. Al faltar en sus obligaciones para con los dioses, el hombre hace que se desencadenen fuerzas que a él le resultan maléficas, aun cuando en última instancia tengan por fin mantener el equilibrio, o sea la salud de un sector más amplio del universo.

Las acciones patógenas, enfermantes, de los dioses están siempre orientadas a preservar el orden existente. De ello se deriva el que algunas veces, ciertos dioses, tengan durante el Quinto Sol un papel definido, como Quetzalcóatl, dios creador y benefactor de la humanidad y Tezcatlipoca, quien encarna el principio de la destrucción. Es menester recordar que tal papel había sido varias veces intercambiado en los Soles anteriores, de manera que creación y destrucción no eran característicos de ellos, sino roles que en su curso particular pertenecían a ciclos de mucha más larga duración que los que rigen las relaciones cotidianas.

No es de extrañar que de este papel que representaban ambas deidades en el Quinto Sol, se desprendiera su función en lo referente a la salud. Quetzalcóatl es un dios que protege al hombre, que cura todas las enfermedades y males, es aquél en cuya festividad acudían a su templo en Cholula ciegos, sordos, mancos, cojos y tullidos a pedirle salud. Sin embargo, en su acepción de Ehécatl, dios del viento, era causa de enfriamientos, de reumatismos, de tortícolis y envaramientos. Tezcatlipoca, el sol del inframundo, era el dios del castigo, el que enviaba las grandes epimedias y la locura, aunque también podía dar o quitar prosperidad y riqueza.

La forma en que Tláloc, señor de las aguas y dios de la lluvia —lluvia de fuego en la narración de los soles cosmogónicos—, participaba en la producción de enfermedades era muy particular. Señalados por el dios, no sabemos con precisión si era como premio o como castigo y menos aún qué era lo que se premiaba; los individuos que morían fulminados por el rayo o como consecuencia de ello, los ahogados, los leprosos, —dice el texto de Sahagún, pero recordemos que se debía de tratar de otras enfermedades cutáneas también acompañadas de destrucción de tejidos, ya que la verdadera lepra es un padecimiento que no existía en México prehispánico—, los hidrópicos, aquellos cuyo cuerpo se llenaba de agua, los gotosos, los sarnosos y los bubosos, "el día que se morían de las enfermedades contagiosas e incurables" iban al paraíso llamado Tlalocan, el lugar de Tláloc, situado sobre las cumbres cubiertas de nieve de las altas montañas, donde disfrutarían de una eterna primavera, "siempre jamás verdura y verano". La relación evidente de estas enfermedades con el agua da un punto central clínico, basado en la observación, para achacarlas a Tláloc y conferirles un significado dentro de su visión del mundo. ¿Quiénes y por qué eran afectados? Ya he dicho que no conocemos detalles. Se sabe que aquéllos que poseían *chalchihuites*, piedras preciosas, se podían hacer acreedores a padecimientos reumáticos, gota y algunos tipos de parálisis que no son bien precisados en los textos; tal vez lo que sucedía era que los alcanzaba por el celo del dios cuyo tesoro tomaban, o quizá su enfermedad era castigo por tomar algo reservado a los dioses rompiendo el equilibrio cósmico, o simplemente habían sido afectados por las fuerzas existentes en los lugares sagrados; todo queda a nivel de conjeturas.

Pequeños espíritus de los vientos o de las aguas, los *ehecame* y los *tlaloque* respectivamente, moraban en las montañas, en las cuevas, en los sitios donde brotan los manantiales, haciéndolos peligrosos para los humanos. El que se aventuraba en estos sitios se arriesgaba a contraer gota "de las manos o de los pies, o de cualquiera parte del cuerpo", tullimiento de cualquier miembro, envaramiento del pescuezo (tortícolis) o de cualquier otra parte del cuerpo, el encogimiento de algún miembro, o el quedar yerto. Uso en esta descripción los términos que pone Sahagún en su texto por considerar que describen muy bien las lesiones y que, además, son comprensibles por mantenerse su uso en el lenguaje popular. Nuestros campesinos actuales, sobre todo los que viven en las serranías que rodean al Valle de México, siguen hablando de estas enfermedades y achacándoles las mismas causas, pero además refieren que todas ellas son enfermedades de frío; y lo mismo decían sus antepasados que dieran información a los cronistas del siglo XVI. Hablaré del papel del frío y del calor, en la génesis y evolución de las enfermedades. Detengámonos un momento a considerar porqué aparecían *tlaloque* y *ehecame* y podían a veces causar enfermedad. Me referí a los *ohuican*, los lugares sagrados, que lo eran debido a que a ellos concurrían seres sobrenaturales y los contaminaban con su fuerza y poderes. Ya he enumerado el tipo de lugar favorito de los espíritus de las aguas y los vientos. Otras veces el sitio en cuestión lo era por estar en sus inmediaciones, o ser un lugar de acceso al Tlalocan, a los cielos, como sería por ejemplo la cueva de Alcaleca en las laderas de la Iztaccíhuatl, a la cual, aún hoy día, sólo se puede llegar sin riesgos, tras la obtención del permiso que otorgan, previa petición a los espíritus, los guardianes de la cueva, graniceros, que son personas que cumplen con el papel y la responsabilidad de antiguos sacerdotes encargados del cuidado de estos lugares, que han sido heridos por el rayo y han sanado aceptando la responsabilidad o, teniendo un vínculo de parentesco con ellos, han sido llamados por los espíritus y respondido positivamente a este requerimiento. Otros más son el lugar propio de la deidad propia de la localidad, en cuyo caso quienes enfermarían serían los extraños, estando protegidos los moradores del poblado.

Hay lugares peligrosos porque atraen diversas clases de espíritus que, claro está, podrían ser causa de enfermedad en distintas situaciones; los cruces de caminos, las encrucijadas, serían los más comúnmente referidos. En ellos aparecían las *cihuateteo*, mujeres fallecidas durante su primer parto a la hora del crepúsculo y de preferencia en los días del calendario adivinatorio más propicios que eran los días uno-lluvia (ce-quiáhuitl), y causaban perlesía, es decir, parálisis y convulsiones, especialmente a los niños.

En un pasaje sumamente interesante, los informantes de Sahagún nos dicen qué pensaban en concreto acerca de la acción de estas diosas; hablan de que poseían al enfermo y le quitaban su belleza. Este concepto de posesión es muy importante y nos ubica en uno de los términos generales que propuse como guía, el de introducción de un ser extraño en el cuerpo. Tal vez esta aseveración ofrezca la clave para entender el porqué se efectuaban limpias y ceremonias similares en muchas enfermedades relacionadas con muy diversas deidades y espíritus y el porqué era —y es— factible hacer por ejemplo, la transferencia de los aires de enfermedad a figuras de papel hechas ex-profeso, a veces inclusive con la imagen del "mal aire" que allí se alojaba o a las figuras en forma de animal hechas de maíz y, una vez habitadas por el espíritu causante de la fiebre, eran enterradas al borde de un camino frecuentado en espera de que pudiera introducirse en cualquier pasante y dejara en paz definitivamente a su anterior víctima.

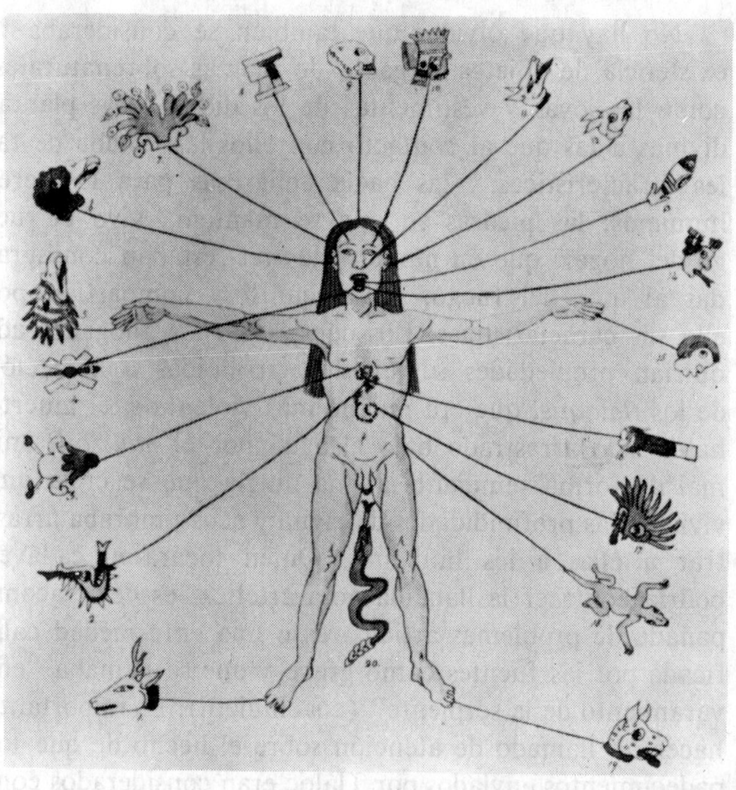

El hombre era considerado como un microcosmos en el cual se representaban y tenían lugar las acciones de todos los demás sectores del universo. Las diferentes partes y órganos del cuerpo humano tenían correspondencia con los signos calendáricos estableciéndose así un orden y un significado precisos que permitían comprender el porqué del funcionamiento del organismo y cómo se movilizaban las diferentes fuerzas que actuaban sobre él.

Códice Vaticano.

No hay que olvidar que también se consideraba la existencia de objetos cargados de fuerzas sobrenaturales, como las joyas y vestimentas de los dioses y las plantas divinas a las que al contacto con ellos las dotaba de tales características y las hacía peligrosas para los seres humanos; las piedras en que se mantenía vivo el fuego del hogar, que en número de tres, estaban consagradas al dios del fuego, Xiuhtecuhtli y compartían por ello sus características. Los cuerpos de los ahogados adquirían propiedades semejantes, atribuidas a la acción de los *tlaloque*, que era mucho más violenta si el muerto había sido arrastrado bajo el agua por el *ahuízotl*, animal de forma semejante a una nutria que se creía que vivía en las profundidades del agua y acostumbraba arrastrar a ellas a los humanos. Quien tocara el cadáver podría contraer la llamada gota artética, es decir acompañada de problemas articulares o una enfermedad calificada por las fuentes como grave y que se llamaba "envaramiento de la serpiente" (coacihuiztli). Es importante hacer un llamado de atención sobre el hecho de que los padecimientos enviados por Tláloc eran considerados contagiosos, lo que es bien explícito en el ejemplo que acabo de mencionar, aunque el concepto de contagio difería totalmente del empleado en la actualidad y en el cual interviene la teoría microbiana como base de sustentación de la idea; en el mundo prehispánico se creía más bien en emanaciones que podían transmitir ciertas enfermedades.

La aparición de ciertas enfermedades en el inicio de la primavera, hizo que fueran asociadas con Xipe Tótec, el dios que hacía que la tierra nuevamente se vistiera y cubriera de vegetación. Estas enfermedades eran cutáneas, especialmente en las que había erupciones, ámpulas y supuración; los médicos informantes de Sahagún dicen específicamente ampollas, llagas y sarna, y los de Tlatelolco hablaron de viruela, asociando a su antiguo dios con una enfermedad traída por los españoles; también se hacía la misma asociación con las enfermedades de los ojos, y dice el texto del Códice Matritense: "...los ojos que manan, los párpados inflamados..., el ojo desecado, las cataratas, el mal que apaga los ojos..." No se olvide la existencia de conjuntivitis todavía llamadas primaverales ni del aumento en la incidencia de procesos inflamatorios oculares en esa época del año.

Dioses relacionados con los cultivos hechos en *chinampas*, como Amimitl y Atlaua que eran causa de padecimientos de dos tipos fundamentales: la disentería, descrita como tener excrementos mezclados con sangre, y las diarreas, por una parte, y los resfriados —enfriamiento mortal, resfriado del cerebro, insisten los autores del Códice del Palacio Real de Madrid— y la tos —tos seca, si tosía mucho, si tosía sin parar, continúan diciendo—. Algún médico —historiador bien intencionado— identificó en razón de lo anterior a *Amimitl* como dios de la gastroenterología, sin darse cuenta que la deidad tenía que ver con enfermedades que no encajaban en dicha especialidad, y que con lo que el dios tenía realmente que ver era con las *chinampas*, los cultivos que en ellas se practicaban y todo lo que sucedía en ese entorno, y que las enfermedades mencionadas eran mucho más frecuentes en las personas que trabajaban allí y que por manejar aguas y tierras contaminadas con excremento humano, padecían muchas más enfermedades gastrointestinales que otros, y que la humedad continua propiciaba los comúnmente denominados resfriados.

Otros dioses sí utilizaban la enfermedad como castigo para quienes no observaban sus ordenamientos. Por ejemplo, se nos dice expresamente que hombres y mujeres que tenían relaciones sexuales durante los cuatro días previos a la fiesta llamada *xochilhuilt*, que se celebraba en honor de los dioses de las flores, Macuilxóchitl y Xochipilli, sumamente ofendidos, los castigaban enviándoles "enfermedades de las partes secretas". Estas eran almorranas, "podredumbre" de los órganos genitales, "diviesos y encordios". Como se ve, no corresponden estos padecimientos a lo que actualmente llamaríamos enfermedades venéreas, ya que incluyen las hemorroides o almorranas y no abarcan al "mal de bubas" que equivaldría a la sífilis y quizás a otras afecciones de origen genital. Esto es de interés, porque puede observarse que no se consideraban a estas últimas como tales, sino como enviadas por Tláloc, desconociéndose al parecer su propagación por medio del contacto sexual, al que en cambio sí se atribuían las hemorroides. Estas mismas enfermedades, hemorroides y supuración de los genitales (podredrumbres) eran achacadas a que la persona había pasado por encima u orinado al *omixóchitl* (polianthes tuberosa), conocida también como "vara de San José". Creían que podía existir una contaminación a distancia, probablemente trasmitida por el olor de la flor.

Al tratar de las contaminaciones o, hablando más ampliamente, de las enfermedades producidas a distancia y de las emanaciones patógenas, entramos en un terreno apasionante y ajeno a la ciencia moderna.

Tomemos como primer ejemplo un grupo de enfermedades asociadas al castigo enviado por Tlazolteotl, la diosa del amor, a quienes tenían amores ilícitos. En primer término consideraban la posibilidad de que el pecador fuese presa de convulsiones, de modo que cuando un adulto empezaba a padecer crisis convulsivas, se elaboraba el diagnóstico de haber sido castigado por la diosa por tener relaciones sexuales prohibidas.

Sin embargo, lo que aquí más interesa es una segunda eventualidad, en la que quienes enferman no son los transgresores, sino sus hijos, consortes o niños pequeños que sufran su presencia en el momento de su nacimiento, o aun mientras estaban en el vientre materno, y se atribuye al influjo enfermante transmitido por aquél. A este tipo de padecimientos se les daban los nombres genéricos de *tlatlazolmiquiztli*, que significa muerte causada por amores, y de *epalhuiliztli*, que puede ser traducido como "dependencia de otro".

Esta enfermedad se presenta bajo tres diferentes formas, nos reporta De la Serna en su *Tratado de las idolatrías. . .*; siendo la primera de ellas la que afecta a los niños, los cuales de pronto dan gritos y se asombran "como si viesen alguna cosa espantosa", despiertan sobresaltados y sollozando, "lloran como espantados" y, sin que haya causa externa que lo justifique, pierden con frecuencia el sentido, quedando algunos como muertos y otros agitando pies y manos. La segunda forma, que puede afectar al individuo o a sus familiares, consiste en que el paciente, sin causa aparente, enflaquece y se consume lentamente. La tercera, abarca todo tipo de enfermedades incurables que no pudieran ser achacadas directamente a otros dioses, y cualquier tipo de desgracias, personales, que afectaran los bienes del o la adúltera.

Como puede notarse, la causa no determina forzosamente las características de presentación del padecimiento, ya que éste tomará formas diferentes dependiendo de donde se mueva el individuo contaminado y a quienes pueda trasmitir su influjo enfermante. Tampoco, en este caso, hay ejercicio de la voluntad que permita dirigir el "contagio", sino simple y sencillamente hay emanación de un algo, de una fuerza, que lleva la enfermedad a otras personas, animales, vegetales o cosas.

Los hombres productores de enfermedad

Si dioses y seres sobrenaturales podían, como se ha visto, producir enfermedad por mecanismos sumamente variados, también los hombres podían causarla. Al tocar este punto penetramos forzosamente en los linderos de la magia y, en una gran mayoría de los casos, de la puesta en práctica para dañar, la llamada en Europa magia negra.

En términos generales pueden dividirse estas enfermedades en las producidas involuntariamente por individuos dotados de una energía especial; aquéllas en las que había una motivación psicológica de base, casi siempre la envidia y en las cuales podía existir como realizador del acto mágico una tercera persona y las causadas por hombres dañinos. Daremos ejemplos de cada una de ellas.

Había individuos que por sí mismos, o por la función que desempeñaban eran considerados como poseedores de un exceso de energía anímica, considerando como norma la que tenían los seres humanos comunes y corrientes. El nahual, el hechicero, el brujo, el granicero después de haber sido herido por el rayo, el tlatoani una vez tomada posesión de su cargo, disponían de ella. El caso es que, teniéndola, podían lastimar a otras personas, y esto podía ser intencional o involuntario. Tendríamos entonces dos variantes de este tipo de padecimientos, determinadas por su intencionalidad o carencia de ella, sin tener que ver en eso sintomatología, gravedad, complicaciones o sitio afectado.

Un ejemplo excelente es el "mal de ojo". Presenta síntomas muy diversos, siendo los más frecuentes enrojecimiento y lloriqueo de los ojos, debilitamiento progresivo o el entristecerse y morir. Se consideraba provocado por el trauma causado a un individuo débil por otro sobrecargado de energía, la cual se transmitía a través de la mirada. Hasta la fecha se continúa hablando entre nuestra población rural, y más aún en las comunidades indígenas, de los individuos que tienen la mirada "pesada". Algunos autores sostienen que este tipo de creencias es de origen europeo, ya que se ha comprobado la existencia de problemas similares en el campo español, en el sur de Italia, en áreas rurales francesas, etcétera. Sin embargo, ésta no es razón suficiente, ya que disponemos de documentación fidedigna y detallada que prueba que dicho concepto y las creencias que lo fundamentan eran bien conocidos y arraigados en el México prehispánico, ya que ni siquiera se puede limitar a los nahuas o a algún otro pueblo en especial.

Sumamente impactante es lo que se relata acerca del comportamiento de los súbditos de Moctezuma. Relatan los conquistadores que le tenían tal respeto que, ante él, bajaban el rostro y no se atrevían a subir la vista. Inimaginable resultaría pensar que le mirasen a los ojos. Solamente que lo que ellos interpretaron como respeto iba más allá: en el momento de ser entronizado, el *tlatoani* adquiría el papel de mediador entre los hombres y el mundo de los seres sobrenaturales. Era como dios y de su mirada emanaba esa nueva fuerza que le sería indispensable para gobernar bien. Aquél que le mirara a los ojos moriría por ello. Esta sería una manifestación suprema, en cuanto a su significado y a la gravedad del "mal de ojo".

No todas las personas que podían causarlo tenían tan gran poder, y asimismo era puesta en juego la capacidad de resistencia de la víctima, de manera que se consideraba como más propensos a ser afectados a niños pequeños o a los animalitos. La colocación de semillas conocidas como "ojos de venado" (Stizoolobium urens), de bolsas color rojo conteniendo amuletos diversos o el que el presunto causante del mal untara su propia saliva en la frente de la que pudiera ser su víctima, eran algunas de las medidas usadas como prevención. Era frecuente que, para que hubiese voluntad de producir "mal de ojo" el principal motor fuera la envidia por no poseer algún bien o no tener niños o animales como la otra persona, hecho que nos conducirá al segundo grupo de la tipología de enfermedades aquí propuesta, y que nos recuerda el texto que ya he citado sobre las *cihuateteo* y refiere cómo éstas le "quitaban la belleza" a quienes enfermaban.

Sin embargo, antes de pasar a ellas, quiero tratar de otro padecimiento asociado con la influencia de otra persona, esta vez siempre involuntaria. Se trata del niño que se pone *chipil.* Es ésta una enfermedad, si es que puede llamársela así, muy curiosa, ya que afecta al niño pequeño cuando su madre está nuevamente embarazada, y a esto se achaca su aparición. Consiste en que la criatura se pone llorona, no come ni duerme bien, presenta en ocasiones rasgos de conducta pertenecientes a momentos del crecimiento que ya había superado, en fin, trata de acaparar a toda costa la atención de su madre. El mecanismo de producción ha sido explicado en dos formas: la madre embarazada es diferente a la de antes, es más débil y por ello no puede proporcionar al niño la misma energía o lo más común, la envidia inconsciente del niño al percibir el nuevo embarazo de su madre, al no poder afectar al hermano aún no nacido, se ceba en él mismo, siendo el más débil anímicamente.

Con mucho los padecimientos más frecuentes eran los provocados por envidia, celos o ira hacia otra persona. Directamente aquél que lo sentía, si es que tenía la capacidad para hacerlo, o bien un "especialista" a quien acudía y pagaba por ello, enviaban un mal al otro, mal que lo penetraba y le destruía parcial o totalmente. La enfermedad así causada podía ser de cualquier género y tener los síntomas más variados, pero, generalmente, se trataba de enfermedades sin causa aparente conocida y con un común denominador consistente en un desgaste crónico y paulatino del individuo afectado, que podía llevarlo hasta la muerte. Se ha insistido con creces en estudios de carácter antropológico sobre el papel de canalizar la agresividad y la tensión existentes dentro de la misma sociedad, que tienen este tipo de creencias mágicas.

Entre los nahuas prehispánicos no pudo ser muy diferente que en otros pueblos, aunque la cantidad y el tipo de amuletos y talismanes empleados es ínfimo en comparación de lo que sucedía en otros grupos y los tabúes a observar iban dirigidos a cuidar un aspecto que dependía más del mantenimiento de un orden inmanente a todo el universo, que a mantener en jaque poderes mágicos individuales que debían su propia existencia a ese orden que les daba cabida como parte de las actividades de Tezcatlipoca, entonces bajo la advocación de Titlacauan; de esta manera el mal y la magia negra quedaban también como sus representativos.

De acuerdo con esto, la magia negra y las diferentes acciones efectuadas para neutralizarla o, cuando era posible, para revertirla, pueden considerarse como elemento estabilizador, hablando a un nivel cósmico.

En lo práctico había muchas maneras de "enviar" un padecimiento, desde las que partían de una simple casualidad, como era lo que mencioné antes en relación con enterrar objetos ya cargados con la enfermedad, como figurillas de maíz o los papeles representando los aires, al borde de un camino transitado para ver qué transeúnte se las llevaba con él, hasta complicados rituales encaminados a dirigir los peores y más graves males a personas concretas y, a veces, provistas de buena cantidad de energía anímica. De la diversidad de posibilidades surgieron verdaderos especialistas en tal o cual manera de provocar enfermedad, e insisto, no de tal o cual enfermedad, ya que no era ésta una sola y específica, sino absolutamente variable dependiendo del tipo de fuerzas enfrentado y del sitio del organismo de la víctima al que llegaba y en el que se asentaba el mal.

Había los hechiceros que hacían magia amatoria y empleaban el *toloatzin* (Datura meteloides) para atontar, "asimplar" se diría en la época colonial, al cónyuge; los había especializados en realizar conjuros amatorios que permitirían poseer a la mujer deseada; los había que pintaban signos en las paredes para enfermar y aun matar a los moradores de la casa; había quienes manejaban el fuego y enviaban la destrucción quemando una efigie de la persona a la que se iba a dañar.

Nuevamente estamos ante una superposición de los tipos de enfermedad, es decir nos hallamos en presencia de hombres dañinos, que serían lógicamente los productores de todos estos padecimientos. Hablaré en primer término de los nahuales maléficos, nacidos en un día que conjuntaba la transmisión de poderes especiales y el carácter maligno de éstos, que los hacía sumamente peligrosos, pudiendo causar cualquier género de enfermedades.

Los hombres dañinos eran llamados *tlacatecótl*, es decir hombres-búho, quienes también debían de nacer en signos determinados del calendario adivinatorio (tonalpohualli), como eran los días uno-lluvia (ce quiáhuitl) por ejemplo, y además aprender los procedimientos para dañar. Se creía —y esto es aún vigente en nuestros días en muchas áreas de nuestro país— en la existencia de muchos tipos de hombres maléficos, los cuales se dividían de acuerdo con la forma en que dañaban a sus víctimas. Muy impresionantes, desde el nombre, eran los *teyollocuani*, comedores de corazones, que capturaban y devoraban al *teyolía*, una de las entidades anímicas de la víctima. Había otros de quienes se decía que "hacían girar el corazón" de aquél a quien enfermaban, queriéndose decir con esto que le cambiaban el modo de pensar, que lo trastornaban mentalmente.

No puedo dejar de mencionar a los "come pantorrillas", tipo de hechiceros maléficos *sui generis*, ya que, hasta donde sé, en ninguna otra cultura se ha puesto énfasis en la pantorrilla considerándola como un órgano importante. Pienso, a manera de hipótesis todavía, que entre los nahuas prehispánicos tenía un significado especial dada la necesidad de caminar; recordemos que no existían en el México antiguo bestias de carga ni se conocían usos utilitarios de la rueda, lo cual no impedía la existencia de un intercambio comercial intenso que cubría un territorio que excedía los límites de Mesoamérica. El dolor de pantorrilla, el cual por lo demás aparece después de las largas caminatas, sobre todo cuando no se tiene el hábito de hacerlas, es molesto e incapacitante. Su aparición concomitante, especialmente cuando eran nocturnas y se "enfriaban" los miembros y, casi siempre, después de un lapso de reposo quizá oriente en el sentido de que habían sido "mordidas" o "comidas" por un hechicero. En relación estrecha con esto traigo a colación la creencia que se tenía de que los muertos en los mundos anteriores permanecían ocultos en la tierra, en los caminos preferentemente, lesionando a los que pasaban sobre ellos mientras esperaban participar activamente en el momento oportuno en la destrucción final de los pobladores del mundo del Quinto Sol.

Otro punto que no debo dejar sin comentar, es la existencia de hechiceras que tenían la característica de despojarse de sus piernas para poder volar. Atinadamente ha relacionado López Austin esta creencia con la identificación moderna de las brujas como mujeres que toman alas de petate, cambian sus piernas por unas de pava y vuelan por los aires dispuestas a causar daños, dejándose ver como bolas de fuego. El pavo, o *guajolote* (hueyxolotl), como se le conoce en México, es un animal utilizado como disfraz de brujos y hechiceros por estar asociado a Tezcatlipoca, quien como hemos visto, era la deidad tutelar de éstos.

La transformación en animal era considerada muy importante para poder causar daño. Muchos de los hechiceros y mujeres malas poseían esta característica, y su suerte estaba fundida con la de su disfraz; de la vida o la salud del animal dependía la suya. Eran elegidos particularmente animales que servían de disfraz a un dios o eran asociados a él, como el mencionado ejemplo del *guajolote* y el jaguar con Tezcatlipoca, o bien fieras y seres nocturnos.

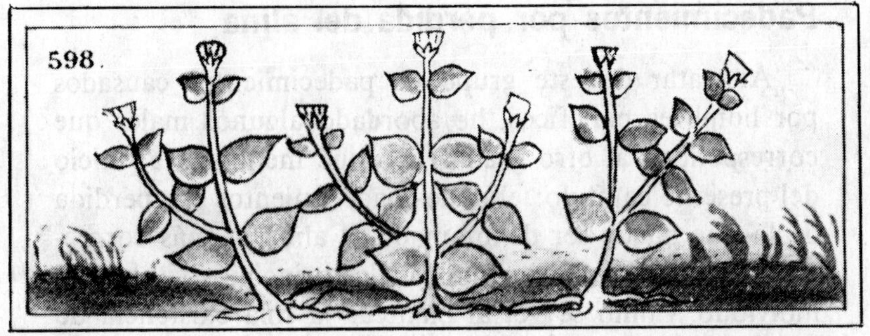

Entre las plantas medicinales bien conocidas por los titici nahuas podemos contar el cihuapahtli. Sus acciones estimulantes de la contracción del músculo uterino fueron valoradas por ellos empleándola como facilitador del parto y como emenagogo y abortivo. Los riesgos de su uso fueron asimismo perfectamente conocidos cuidándose expresamente su dosificación y valorándose sus efectos inmediatos.

Códice Florentino.

Padecimientos por pérdida del alma

Al tratar de este grupo de padecimientos causados por hombres maléficos, he abordado algunos males que corresponden al otro gran grupo que mencioné al inicio del presente capítulo: el de los padecimientos por pérdida de lo que puede ser denominado el alma o, más correctamente, las entidades anímicas, los principios vitales del individuo. Como se ve, al plantear la sola existencia de este grupo, estamos frente a un criterio diferente de clasificación que ya no vería directamente hacia qué o quién era considerado como causa, sino los mecanismos de producción del padecimiento. Si en los primeros grupos han abundado las posibilidades de posesión y penetración de seres ajenos al organismo, al tratar de cómo enfermaban a sus víctimas el "come-pantorrillas" y el "come-corazones" el terreno cambia y ahora lo que priva es la pérdida de una parte sustancial del cuerpo y la energía que su presencia y la integridad implican.

Traeré a colación los ejemplos de dos enfermedades. Cuando un niño pequeño enfermaba, y se ha aventurado la hipótesis de que lo más probable es que enfermara de problemas gastrointestinales, una parte importantísima de la elaboración del diagnóstico y el pronóstico era la identificación de si tenía o no su *tonalli* dentro del cuerpo. El proceso consistía en reflejar la cara del niño enfermo en el agua para beber contenida en grandes vasijas de barro, y si ésta aparecía borrosa, o manchada, o no se veía, se diagnosticaba pérdida del *tonalli* y la enfermedad era considerada de suma gravedad. Como en otros casos relatados, nos encontramos aquí nuevamente frente a un cambio no del padecimiento en sí, sino de la calidad, por así decirlo, del propio padecimiento. Posiblemente tuviera mucho que ver la severidad de los síntomas, entre otros la pérdida de la conciencia, función íntimamente ligada con la presencia del *tonalli* en el cuerpo y, definitivamente, el peligro de muerte era muchísimo mayor en caso de su ausencia.

El otro padecimiento, llamado *netonalcahualiztli*, cuya traducción ha pasado a la actual medicina tradicional bajo la denominación de "susto" o "espanto". Las explicaciones y los tratamientos empleados para esta enfermedad por los diversos tipos de terapeutas que se abocan a ello, van siempre encaminados en una u otra forma a regresar el alma perdida. Este padecimiento, como es bien sabido, se origina ante el impacto de una impresión violenta y súbita que podía ser provocada por animales o la aparición de un ser sobrenatural. Probablemente el encuentro con alguna de las *cihuateteo* traía como consecuencia "susto", además de la posesión cuya consideración era la regla cuando se trataba de niños pequeños.

Sin embargo, los estudios recientes de López Austin han desempolvado algunos conceptos que permiten sistematizar los problemas por pérdida de alma. Como se recordará, los nahuas no creían en la existencia de un principio anímico, sino en la de tres, el *tonalli*, el *teyolía* y el *ihiyotl*, ubicados en el cerebro, el corazón y el hígado respectivamente. Los tres podían salir y ser sacados del cuerpo y esto, si no sucedía en condiciones que pudieran ser consideradas como fisiológicas —aun a riesgo de que su poseedor sufriera problemas— provocaría malestares, enfermedades o la muerte. El alma que salía en el "susto" era el *tonalli* y este mismo era también el que se iba al ser cortados los cabellos que crecen encima de la mollera o del sitio donde ésta estuvo, operación mediante la cual se podía matar a los hechiceros. Todas las categorías de enfermedad que han sido revisadas entran en la explicación de cómo podía ser dañado el *tonalli*: castigo divino, acción de hechiceros, el ser devorado por seres sobrenaturales que necesitan de su energía para alimentarse.

El *teyolía* no podía salir del individuo y su pérdida provocaba la muerte; la causa más común era la acción de los *teyollocuanime*, hechiceros devoradores de corazones, y de los *teyollopachoanime*, aquéllos que oprimen el corazón de sus víctimas. Esta imagen de opresión es muy interesante, ya que llegó a caracterizar un tipo de enfermedad del corazón que los autores del Códice De la Cruz-Badiano llaman precisamente así: "opresión molesta del pecho" y también señalan que las flemas podían provocarla y que al derramarse la sangre sobre el corazón sobrevenía la muerte. Todo esto, como se verá adelante, permite establecer explicaciones acerca de cómo se comportaba la enfermedad, o, dicho en términos modernos, de su fisiopatología, pudiéndose entender la relación entre seres sobrenaturales y la sintomatología y la forma concreta en que se desarrollaba la enfermedad en el interior del organismo.

De la tercera entidad anímica, el *ihiyotl*, no tenemos noticia de que fuese dañada afuera del cuerpo y esto provocara enfermedad, sino al contrario, que el *ihiyotl* emanado del cuerpo podía causarla en otros. Esto sucedía cuando la persona se enojaba o se encontraba muy fatigada o al encontrarse con alguien a quien aborrecía. La energía productora del "mal de ojo", ha sido asociada con esta entidad, igual que los malos influjos emanados de los cadáveres o de restos humanos, como un dedo de la mano izquierda o un brazo de las mujeres muertas durante su primer parto, de los cuales se decía que amortecían a las víctimas y enemigos de aquél que los poseía.

Determinación astrológica y enfermedad

Inmerso como estaba el hombre en un mar de símbolos que se correspondían y entrecruzaban, no es de extrañar que uno de los intentos más conspicuos para desenmarañarlos fuera el recurrir al conocimiento de los ciclos astrales y a su extrapolación para explicar lo que sucede sobre la tierra en relación con los ciclos cósmicos. La visión pesimista de muchas de las manifestaciones del pensamiento náhuatl depende en cierta manera de esto. El mundo mismo está destinado a ser destruido, tiene un término igual que los dioses y en este sentido todo está sujeto a un destino ineludible, previamente fijado y cuya lógica el hombre no alcanza a captar. Sin embargo, el conocimiento es su más poderosa arma y de la observación de los transparentes cielos mesoamericanos, surge el conocimiento y medición de las revoluciones astrales, y surge la reducción de ellas al ámbito de calendarios que eran empleados para computar el tiempo o bien para pronosticar los sucesos futuros y predecir la buena o mala ventura de una persona. A éstos se les llamaba *tonalpohualli.*

Dos aspectos de importancia destacan en la relación que existía entre el calendario adivinatorio y las enfermedades. El primero consiste en la influencia que el día del nacimiento o de la purificación lustral, ejerce sobre el futuro del individuo, como sucede con los nacidos en día dos-conejo (ome-tochtli), que habrían de ser borrachos e inclusive morir a consecuencia del alcohol; o los nacidos en día uno-lluvia (ce-quiáhuitl), que serían huraños, retraídos, desaliñados y hechiceros; los nacidos bajo el signo seis-perro (chicuace itzccuintli) serían enfermizos; el día dos-venado (ome mázatl) determinaba en los nacidos en él ser temerosos, cobardes y espantadizos.

Del mismo ordenamiento del cosmos derivaban las acciones benéficas o maléficas de los astros, las cuales se hacían sentir en días específicos del calendario. Considerados sus rayos como emanaciones e identificadas con la acción de las almas de aquéllos, eran sumamente peligrosas. El lucero del alba, personificación de Quetzalcóatl bajo el nombre e identidad de *Tlahuizcalpantecuhtli* atacaba a diferentes tipos de gente según el signo correspondiente: en días *ce-cipactli*, a los viejos y viejas; en *ce ocelotl*, *ce mázatl* y *ce tochtli*, a los muchachitos; en *ce ollin* a mozos y mozas; en *ce miquiztli* y *ce acatl*, a los gobernantes, sobre todo si en el primer signo aparecía la estrella matutina; en *ce atl,* a la vegetación.

En cambio los cometas, que venían a romper el orden celeste, presagiaban grandes calamidades que no se ajustaban al fluir del calendario.

El segundo aspecto no tenía que ver directamente con la persona, sino con el curso que seguiría la enfermedad. Así, toda enfermedad que se iniciara en los días llamados *nemontemi*, que eran los últimos cinco días del año y correspondían a los cuatro últimos de enero y al primero de febrero de nuestro calendario, se decía que no sanaría, y se creía esto a grado tal que ni siquiera se le administraban medicamentos, dejando a la misericordia de los dioses la rara posibilidad de que curase. Lo mismo acaecería a los que enfermaban en día uno-mono (ce-ozomatli), achacándose la gravedad del problema a la acción de las *cihuateteo.*

La pérdida del equilibrio interno y sus manifestaciones patológicas

Esta ha sido en los últimos años la parte más novedosa en la investigación del concepto que tenían los nahuas acerca de la enfermedad y en la que se ha puesto más énfasis, concretándose poco a poco los elementos que eran entonces tomados en cuenta por ellos. Casi todos los estudios realizados han orientado su interés hacia aspectos que evidencian una observación "objetiva" de los fenómenos naturales y que, por ello precisamente, ofrecen la apariencia de ser más científicos. Curiosamente, y en esto los médicos enfrascados en el estudio de la historia de la medicina hemos contribuido muy especialmente a reforzar tal imagen, desde el siglo pasado se ha pretendido conformarla así, en un vano intento por marcar el contraste entre lo racional y avanzado de la medicina indígena prehispánica y el retraso impuesto a la medicina europea por catorce siglos de persistencia del dogma galénico. Digo vano, porque debemos forzosamente reconocer, que ambos sistemas médicos tenían nexos bien definidos con la realidad y eran congruentes con las visiones del mundo que los sustentaban y que, por lo tanto, fueron válidos en el contexto histórico-cultural en el que se dio cada uno de ellos. Esto no quiere decir, ni que niegue la importancia del pensamiento científico, ni que las medicinas prehispánicas no fuesen racionales, sino, que el concepto de ciencia que nosotros manejamos como válido, sólo lo es en el contexto de la cultura occidental y eso a partir del siglo XIX, y, que el aplicarlo a otras culturas y momentos históricos es un contrasentido.

Cuando, como yo mismo lo he hecho en algunos escritos previos, buscamos demostrar que los nahuas prehispánicos habían creado un sistema de conocimiento objetivo que siendo paralelo a la versión oficial, religiosa, del orden del mundo, permitía tomar en consideración aspectos físicos, elementos, características, etcétera, pienso ahora que estábamos malinterpretando el pensamiento náhuatl, desgajándolo de su unidad y prestándole apariencias que no eran las suyas. Los conocimientos así puestos en relieve no son falsos, todo lo contrario, han sido novedosos y han revelado facetas muy interesantes, que han permitido comprender mejor el pensamiento dinámico de los médicos nahuas y su forma de concatenar fenómenos e imágenes explicatorias.

Al considerar la existencia y acción sobre el organismo de las diferentes categorías de seres, los *titici* se encontraron frente al problema de explicar cómo actuaban, además de que disponían de una importante cantidad de observaciones clínicas que les permitían desglosar con cierto detalle el curso de la enfermedad y sus consecuencias sobre el cuerpo.

Si caracterizamos a la salud como el equilibrio del cuerpo humano en relación con las fuerzas cósmicas con las que está en constante relación e intercambio, faltaba señalar que todas las modificaciones sufridas en cualquier sitio de este gran sistema se manifiestan por cambios en las propiedades físicas de los seres que allí habitan y por la desviación del equilibrio hacia la manifestación, ahora de las propiedades de los seres que les agreden, les roban su energía o los poseen. De esta manera las dos series conceptuales, la de los seres causantes de enfermedad y la de las características físicas de éstas, forman un todo congruente y explicable. Si queremos hacer un intento serio por comprender los conceptos básicos de la medicina náhuatl, nunca debemos olvidar que, en última instancia, todos ellos se derivan de la estrecha correspondencia que se creía existía entre todos los seres del universo. Dentro de este marco son inconcebibles las excepciones y más aún los sistemas independientes.

La polaridad frío-calor —que más que polaridad debiera calificarse como unidad dialéctica—, era el eje fundamental para el registro y detección de los cambios. Todo ser era clasificado por el calor o la frialdad que poseyera; toda parte del cuerpo era asimismo caracterizable; toda enfermedad se medía por un aumento o disminución del frío o el calor en el sitio afectado o en todo el organismo, si la pérdida del equilibrio era más severa y de mayores consecuencias. Los seres celestes eran de naturaleza caliente, igual que sus colores característicos, sus atuendos y vestimentas, sus alimentos, sus plantas, la tierra y los seres del inframundo la tenían fría en tanto que el hombre, el ser de en medio del centro, participaba de ambas propiedades y era caracterizable, al fin de cuentas, como el resultado de una mezcla de ellas. Algunos de sus "órganos" eran más cálidos que otros: el *tonalli* lo era más que el *ihiyotl*, y por lo tanto el cerebro que el hígado; el corazón era el centro del calor en tanto que el estómago era considerado frío; las anginas y los pies no deben calentarse ni enfriarse demasiado.

Mucho se ha escrito para demostrar la existencia y el origen prehispánico de padecimientos relacionados con variaciones del frío o el calor. El Códice De la Cruz-Badiano trata de la frialdad del corazón y del calor excesivo del estómago, entre otros males en que expresamente hace referencia a esta dualidad. Los medicamentos también aplicados de acuerdo con sus propiedades "térmicas" y las características de la enfermedad.

Estos dos hechos nos dan el hilo de Ariadna para orientarnos en el laberinto formado por la multiplicidad de las causas de las enfermedades que he desglosado hasta ahora: se puede demostrar la existencia de una clasificación náhuatl de ellas basada en los cambios y desplazamientos del frío y el calor, en el interior del organismo, y que nos ofrece a la vez posibilidad de buscar el porqué, para el hombre prehispánico, eran congruentes las explicaciones que daba a dichos fenómenos.

La caracterización de todos los seres del universo con propiedades físicas detectables por medio de los sentidos, proporcionó a los *titici* una herramienta para entender los mecanismos de acción de lo que sucedía en el mundo aun cuando esto fuera obra de dioses, de astros de espíritus. Dependiendo de quién causara un padecimiento se desencadenaba una serie de acciones y reacciones en el organismo afectado que podían ser captadas por el médico, y explicadas en razón de la alteración de su equilibrio interno y de modificaciones del calor o del frío habituales en él. Entonces podemos comprender por qué la posesión de seres celestes se manifestaba como un padecimiento caliente y por qué los derivaban de acciones de los *tlaloques*, que como sabemos eran espíritus de las aguas y moraban en las cumbres de los cerros cubiertas por las nubes o en las oquedades por donde brotaban manantiales, es decir en sitios pertenecientes al centro, a la superficie de la tierra, eran frías, considerándose así inclusive a las quemaduras causadas por el rayo. De acuerdo con esto podía haber fiebres calientes y fiebres frías, inflamación de las anginas provocada por frío y otra diferente causada por calor, y el médico podría diagnosticar reconociendo inclusive al posible agente causal.

Ya que hablé de fiebres calientes y frías, pienso que vale la pena detenernos por un momento para considerar su significado como representación de cambios en el orden del mundo. En términos generales puede afirmarse que en las primeras había una participación del calor celeste, personificado como fuego (*tletl*), y a la vez ser él al que se refiere el texto de las Salutaciones a los Enfermos que recopiló Fr. Juan Bautista a fines del siglo XVI, al hablar del descendimiento (in temoxtli), en tanto que el agua (*atl*) sería el elemento participante en la producción de fiebres frías.

En sus primeros Memoriales, textos relativamente poco expurgados, Sahagún consigna padecimientos de absoluta procedencia indígena que pueden servir como punto de referencia al respecto, y en ellos aparece el fuego (*tletl*) considerado en sí como una enfermedad.

En el mismo documento se encuentran tres padecimientos relacionados con el agua: *tlanatonahuiztli*, traducido por López Austin como "fiebre acuática de los dientes"; *tlallatonahuiztli*, "fiebre acuática de la tierra", y *yoallatonahuiztli*, "fiebre acuática de la noche". No disponemos de descripción alguna que permita hacer consideraciones en función de su sintomatología, lo cual es una grave limitante. Probablemente se refieran todas ellas a fiebres frías, aunque yo propondría la sustitución en estos tres casos del término fiebre por otro más genérico, como afección o padecimiento, por ejemplo. Etimológicamente no entra en la composición de las palabras ninguna radical que señale directamente fiebre, sino el sufijo *"iztli"* que indica algo que le pasa o le sucede a alguien. La presencia de la radical "*tona*" en las tres pudiera indicar el lugar del organismo afectado por la enfermedad: el *tonalli*, entidad anímica celeste y por lo tanto caliente, lo que reforzaría la caracterización de los tres padecimientos como fríos.

Como se ve en estos ejemplos, por falta de textos originales suficientemente explícitos, es sumamente complicado ir entresacando, analizando y comparando datos para llegar a individualizar y caracterizar enfermedades. Sin embargo, el disponer de un principio rector —la polaridad frío-calor—, hace posible establecer un sólido marco de referencia.

Sin embargo, no todos los agentes patógenos ni las sustancias puestas en movimiento en el organismo son tan definidas en sus propiedades como el agua y el fuego o, diríamos yendo más lejos, los dioses y seres sobrenaturales con los que se asociaban el agua y el fuego. Seres pertenecientes al Anáhuac, a la zona central del universo podían ser más o menos calientes o más o menos fríos dependiendo de las influencias que recibieran en determinado momento y éstas podían variar. Otras veces se ponía en consideración el que seres semejantes —aires (*ehecame*) por ejemplo—, pudieran provenir de distintos sitios del universo y ser por lo tanto diferentes entre sí en lo tocante a sus características.

El caso de los aires merece ser analizado. En la *Salutación a los Enfermos* a la que ya hice referencia, se nombra metafóricamente a la enfermedad "*in temoxtli, in ehécatl*", el descendimiento, el viento, contraponiendo un origen celeste y descendente, con otro que asciende desde las entrañas de la tierra. Así visto el viento sería frío y no habría más problemas; pero esto sería demasiado simplista. Los textos antiguos hablan de diversos tipos de aires: el viento nocturno (yohualli ehécatl), los aires malignos que provocan la formación de pus en el interior del vientre, los malos aires que penetran al cuerpo, el aire con propiedades curativas que surge de las flores de olor agradable. . . Estos datos, reforzados con los obtenidos de investigaciones modernas llevadas a cabo en grupos nahuas, en las que se ha identificado a *ehécame*, es decir espíritu de los aires de procedencia variada, autorizan a afirmar que, en este problema las características y propiedades físicas no están dadas por ser un *ehécatl*, sino en razón del sitio del universo del cual éste proviene. Un aire solar, celestial (*tonal ehécatl*) será caliente, en tanto que uno de la tierra (*tlalli ehécatl*) será frío igual que otro de origen acuático (*ehécatl atl*), y friísimos los que vienen del inframundo (*mictlan ehécatl*). Los males causados por ellos, diferirán también en sus características. Aunque, a primera vista, se antojara lógica una división primaria entre aires benéficos y otros maléficos, celestes y del inframundo, no debe olvidarse que el descendimiento asimismo enferma, y, entonces se puede decir que "*in temoxtli*" no es algo tan abstracto como parece, sino otra variedad de aire.

Insisto, no se puede clasificar así, como los que enferman y los que ayudan, pues casi todos ellos pueden cambiar su papel y actuar como agentes agresores o terapéuticos según el momento en el tiempo y en el espacio y según las características de equilibrio del individuo que se encuentra con ellos. Por otra parte, esto proporciona elementos para establecer una correspondencia con la división de los padecimientos en fríos y calientes: cierto es que un aire causa enfermedades inespecíficas desde el punto de vista de su ubicación en el cuerpo y de sus síntomas, pero éstos siempre dependerán en primera instancia de lo frío o caliente que sea aquél lo cual resulta de su lugar de procedencia. Luego, en un mundo en el que la relación interpersonal marca la medida y los alcances de la enfermedad, el parámetro básico para poder individualizarla de acuerdo con sus datos clínicos es su relación con ese eje caliente-frío que, por cierto, corresponde al eje vertical del universo.

No sólo los seres sobrenaturales presentaban características bien definidas. Con mucho mayor razón, tal vez por su mayor accesibilidad, los seres de la naturaleza y las sustancias que tienen en su interior eran clasificadas como frías o calientes, agregándose así toda una amplia gama de posibilidades a la dinámica puesta en juego para mantener el equilibrio y la salud. Un problema bastante serio representó para mí precisar la naturaleza y características de la sustancia llamada en náhuatl *alláhuac,* para cuya traducción ofrecen los diccionarios del siglo XVI el término flema. La sustancia, y tal vez debiera decir sustancias, así nombrada era líquida, mucoide y resbalosa, de modo que a primera vista se antojaba equipararla con el humor así llamado por la medicina europea, al cual se consideraba como frío y húmedo —nótese que este último criterio de humedad lo incluyo aquí para integrar la caracterización europea del humor al que me refiero, pero no tiene absolutamente ningún significado para el médico ni el paciente indígenas que nunca le reconocieron el valor de parámetro. Durante algún tiempo la catalogué así, pero pronto empezaron a aparecer situaciones en las que el contexto del padecimiento considerado integralmente no permitía tal interpretación. Pronto aparecieron también otros términos que calificaban a *alláhuac,* dando lugar a la explicación de las diferencias; éstos se referían a colores, denotando la creencia de que existían no una, sino varias flemas que así podrían reconocerse. Surgieron entonces la *ezallá-*

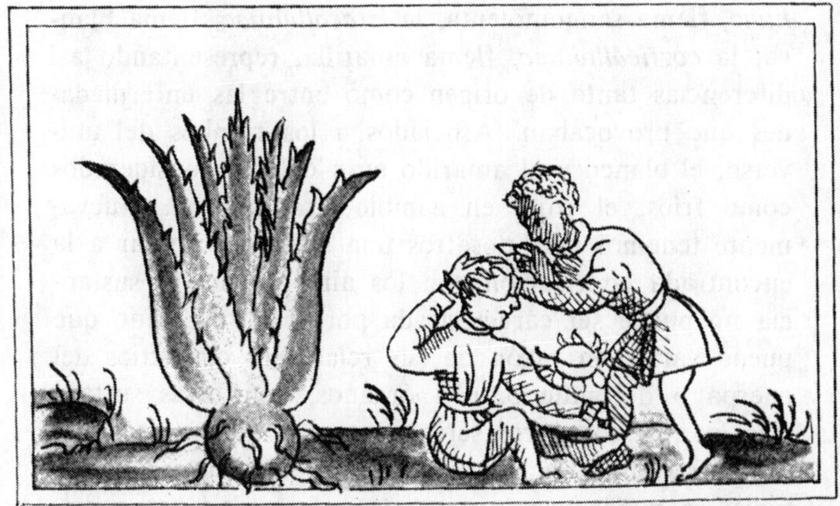

Entre los usos medicinales del maguey debe destacarse su empleo, rayando y moliendo su penca antes de cocerse y colocarse como emplasto, en el tratamiento de heridas. Se han corroborado sus acciones cicatrizantes. y desinfectantes.

Códice Florentino.

huac, flema sanguinolenta, la *iztacalláhuac,* flema blanca; la *cozticalláhuac,* flema amarilla, representando así diferencias tanto de origen como entre las enfermedades que provocaban. Asociados a los rumbos del universo, el blanco y el amarillo eran colores considerados como fríos; el rojo, en cambio, era caliente. Nuevamente tenemos ante nosotros una situación similar a la encontrada en relación con los aires: ahora la sustancia no puede ser caracterizada por sí misma, sino que puede variar en razón de sus relaciones con sitios del cuerpo o del mundo, con órganos, con otras sustancias, o aun con otros seres.

En resumen, de acuerdo con los conocimientos actuales se puede concluir que la enfermedad era considerada por los médicos nahuas como una pérdida del equilibrio del organismo, en cuanto a la relación entre sus propios componentes, o a la que él mantiene con el resto de los integrantes del cosmos. Se creía que los principios anímicos jugaban un papel fundamental en el mantenimiento de dicho equilibrio. La teoría presentaba una estricta coherencia interna al considerar que todos los seres eran representativos de fuerzas y expresión por lo tanto de cambios energéticos.

Agresiones, posesión, respuesta a modificaciones, todo era englobado en el lugar que los seres involucrados ocuparan en el orden universal, así como en la manifestación concreta de las diferencias en sus relaciones. Enfermedad y salud son las resultantes de un juego de ejercicio de poder. En estas condiciones, deidades, espíritus representativos de fenómenos naturales, almas de hombres difuntos, individuos dotados de poderes especiales, hechiceros maléficos o gobernantes cuyos desvelos garantizaban la salud del pueblo, todos ellos participaban en el devenir del mismo mundo, dentro de un mismo orden del que representaban las diversas porciones; concurrían a entretejer una red de relaciones de las que resultaban la salud o la enfermedad.

Las sustancias corporales y las que existían en la naturaleza, eran asimismo factores y expresión de esas mismas mallas, de las que las cualidades taxonómicas básicas, el frío y el calor, eran sólo manifestaciones perceptibles. Aún contra las apariencias que invitan a considerar la naciente concepción de un orden físico en contraposición de la sobrenaturaleza, pienso que no hay rupturas ni desgarramientos en los conceptos de los cuales se deriva el pensamiento médico náhuatl. Por igual, aunque con los mismos nombres, su visión de lo frío y lo caliente difiere radicalmente de la que tuvieron los griegos al respecto: propiedades físicas escuetas para éstos, para los *titici* representaban un punto de referencia en qué orientarse para comprender un universo móvil y cambiante, no eran propias de seres y sustancias sino que les eran conferidas a éstos precisamente en virtud de sus relaciones y contactos.

7

LOS TRATAMIENTOS

Sólo después de conocer el concepto que se tenía de la enfermedad, es posible intentar la comprensión de las medidas terapéuticas. Podrá decirse que esto es exagerado y que, en realidad, todo tratamiento debiera valorarse exclusivamente por su eficacia para combatir la enfermedad o para corregir el trastorno funcional subyacente. Esto sería ideal y dicho así es muy simple. Sin embargo no puede dejarse de lado la consideración de que, objetivamente hablando, aún en nuestros días y no obstante la gran cantidad de conocimientos científicos y avances tecnológicos, poco sabemos a fondo acerca del funcionamiento de nuestro organismo y las enfermedades que pueden afectarlo. De tal manera es preciso reconocer que en todos los sistemas médicos que ha desarrollado la humanidad, los tratamientos se han enfocado de acuerdo con las ideas y creencias vigentes acerca de las causas y el proceso de la enfermedad dentro del cuerpo.

Podría afirmarse entonces que toda terapéutica es a la vez la generadora y la resultante de ideologías que pretenden explicar el qué y el por qué de los padecimientos. La o las causas atribuidas a la enfermedad determinan la orientación del tratamiento, en tanto que, por otra parte, ensayos terapéuticos eficaces darán lugar a nuevas consideraciones respecto a lo que está pasando. Inclusive sustancias medicinales con acciones sumamente claras y definidas serán vistas desde perspectivas diferentes y su efectividad, innegable, explicada de diversas maneras. Por ejemplo la *yolloxhóchitl* (Talauma mexicana) sería utilizada por los médicos nahuas contra las enfermedades del corazón debido a la creencia de que su forma similar a la del corazón cortado transversalmente en su centro, era un indicativo de su acción sobre él; imperaba el principio mágico de que lo semejante actúa sobre sus semejantes. En cambio, la misma *yolloxóchitl* podría ser empleada por un médico contemporáneo nuestro en función de su acción farmacológica de aumentar la capacidad de contracción del músculo cardíaco. Así tenemos que la misma sustancia puede ser prescrita para tratar el mismo tipo de problema de acuerdo con dos ideologías médicas totalmente distintas.

Otras veces la acción buscada es diferente en ambas ideologías y entonces, considerado el problema desde el interior de una de ellas, es imposible entender qué se busca en la otra con un tratamiento determinado. No se puede concebir la utilidad de una "limpia" si no se comparte la creencia del efecto patógeno de la introducción de "malos" espíritus en el interior del cuerpo.

En otras ocasiones la situación es menos evidente, como cuando se prescribe un emético de fuertes efectos, como es el *tlatlacotic* (Bidens Sp.), de uso relativamente frecuente en la medicina náhuatl, para sacar del enfermo sustancias que se creía que al acumularse en determinado sitio del cuerpo y transmitirle su calor o su frialdad, en tanto que la investigación moderna sobre esa planta ha buscado acciones específicas sobre los males en los que se administraba, por supuesto sin econtrarlas.

No es posible, ni adecuado, separar los tratamientos de la ideología médica que les da cabida. No es éste el lugar para extenderme en las relaciones entre infra y supraestructura personificadas por la práctica de la medicina como respuesta a una necesidad primaria de búsqueda de la salud y a una de adecuación a contenidos creenciales respectivamente, pero sí lo es para marcar lo íntimo y la importancia de tales relaciones. No obstante en esta ocasión, tratándose en el conjunto de la obra de dar una imagen de la medicina náhuatl entendida no como un sistema de atención, que sin duda lo es, sino como un sistema de conceptos y creencias, es obligado prestar atención prioritaria a los aspectos ideológicos. En este caso al de la estrecha interrelación entre los tratamientos elegidos y lo que se cree acerca de la enfermedad.

No extrañe al lector que, en tal contexto, aparezcan en nuestra revisión tratamientos aparentemente exóticos y bizarros, que en realidad están enfocados a resolver problemas concretos en una forma absolutamente racional para los médicos que los prescribían y para los pacientes en que eran empleados. Por razones lógicas me abstendré de separar radicalmente —lo que se hace según costumbre— los contenidos mágicos, religiosos, de ciencia de observación, empíricos, etcétera, insistiendo en que tal separación no es real ni tiene razón de ser fuera de los ámbitos de la ciencia occidental moderna.

Entendido así el asunto revisemos, en una visión integradora y nunca perdiendo de vista los conceptos subyacentes a la práctica, algunos de los aspectos más relevantes de la terapéutica nahua.

LA HERBOLARIA

"...Había muchos herbolarios..." comentaba Bernal Díaz del Castilo describiendo lo que vio en la plaza de Tlatelolco, correspondiendo exactamente a lo que Cortés relatara en octubre de 1520 al emperador Carlos V: "Hay calle de herbolarios, donde hay todas las raíces y yerbas medicinales que en la tierra se hallan...", y agregaba: "Hay casas como de boticarios donde se venden las medicinas hechas, así potables como ungüentos y emplastos". Con esto se referían a dos cosas paralelas, más en ninguna forma iguales. Por un lado hablan de herbolarios, es decir de personas que vendían plantas medicinales que en esos momentos llegaban a México-Tenochtitlan, procedentes de los más distantes rincones a los que hubieran llegado comerciantes o guerreros mexicas. Por el otro, Cortés se refiere a los *panamacani,* a quienes vendían medicamentos ya preparados. Dos aspectos a veces complementarios del comercio de sustancias medicinales.

La existencia de abundantes plantas medicinales ofrecidas como tales a la venta, hablan de un consumo de cierta importancia, lo que implica un extendido conocimiento y práctica populares de algunos tipos de atención médica, a la vez que de un uso de estos simples medicinales tal y como son por parte de los médicos, siendo ambas situaciones bien documentadas en los escritos más cercanos a la época. En cambio la elaboración y manufactura de medicamentos es índice de un impulso de profesionalización, seguramente como respuesta a mayores exigencias en ese sentido por parte de los médicos que como expongo en el curso de este libro, integraban un sistema de interpretación y tratamiento de las enfermedades en el que tomaba participación creciente la consideración de datos empíricos. Ahora bien, las dos modalidades, en la forma en que se presentaron en el México prehispánico, requerían de un amplio y profundo conocimiento de los materiales manejados.

La extensión de dicho conocimiento puede proporcionarnos un buen material para analizar; si en primer término consideramos la cantidad de plantas conocidas y prescritas por los médicos nahuas, tendremos una idea al menos aproximada de la riqueza de su conocimiento. Afortunadamente existen textos escritos por médicos indígenas del siglo XVI en los que expusieron sus conocimientos al respecto, de modo que es posible particularizar y tener una idea muy aproximada de cuántos remedios o elementos medicinales conocía y empleaban entonces. Debemos ser realistas y no caer en el error tan común de creer que las cerca de cuatro mil plantas medicinales que han sido registradas en los centros modernos que se dedican a su investigación, especialmente lo que fuera el "Instituto Mexicano para el Estudio de las Plantas Medicinales Mexicanas", hoy convertido en la Universidad de Estudios Biomédicos sobre

Herbolario y Medicina Tradicional del IMSS, fueran siquiera remotamente conocidas por los médicos nahuas.

Aun las alrededor de tres mil que en el siglo XVI estudió y describió Francisco Hernández, resultan de trabajos extensivos de recopilación de datos y proporcionan un repertorio posible para selección que abarca varias regiones y muchos más individuos. Hablando de individuos, o de grupos pequeños de individuos, podemos tomar como válidas las doscientas setenta y dos variedades de plantas mencionadas en el Códice De la Cruz-Badiano, las cerca de ciento veinte citadas en la sección dedicada a las plantas medicinales de la *Historia General de las Cosas de Nueva España*, las ciento cuarenta y dos del capítulo correspondiente del Códice Florentino y a las sesenta y tres de la Relación Breve del Códice Matritense.

Con esto quiero decir que en términos generales un médico, o un grupo de médicos nahuas del siglo XVI, conocía y podía emplear entre cien y doscientas plantas medicinales, dejando al margen elementos de procedencia animal y mineral acerca de los que trataré. Numéricamente hablando, este conocimiento era mayor que el del común de los médicos europeos de la época, basados fundamentalmente en el conocimiento de plantas recomendado y transmitido por las obras de Plinio y Dioscórides. Sin embargo esto, por sí mismo, no quiere decir nada. Podría tal vez tratarse simplemente de que el médico nahua tenía más plantas a su alcance, o quizá no teniendo resultados positivos seguros, tuviera en mente dos o tres tratamientos alternativos. Pero éstos no son sino supuestos teóricos que nos servirán para iniciar el análisis de su conocimiento de la herbolaria medicinal.

Mayor cantidad de especies y variedades disponibles. Digamos más bien, una gran cantidad. Esto creo que es un hecho innegable, por lo menos en el siglo XVI. La riqueza de plantas africanas y del Sudeste Asiático no había sido incorporada y de hecho nunca se incorporó, a la medicina europea, pero esto tampoco nos lleva a otra cosa que a afirmar que la variedad de climas, de altitudes, de nichos ecológicos existentes en América, ofrecía una gran cantidad de elementos utilizables. Lo que importa es que, en mayor o menor proporción, todas las grandes culturas mesoamericanas supieron utilizar toda esta gama de recursos.

El hallazgo de ricos abanicos de pluma de guacamaya en el área de los indios habla de la magnitud de posibilidades de ese intercambio. Los mexicas no fueron la excepción; al contrario tuvieron acceso directo a territorios con diversos climas y altitudes. Guerreros y comerciantes viajaron a lejanas tierras y trajeron a su regreso toda clase de productos exóticos y preciosos. Para fines del siglo XV y durante los primeros veinte años del XVI, es posible afirmar que cuanto había en Mesoamérica podía encontrarse de una u otra manera en México-Tenochtitlan. Centro del poder, punto de confluencia de la riqueza, de las antiguas relaciones, también disfrutó su población de plantas, especialmente aromáticas y medicinales, llegadas desde los más recónditos lugares. A la posibilidad de ampliar el número y la variedad de los recursos, debo agregar la preferencia que se tiene, en éste como en otros muchos campos, por lo que no está al alcance de la mano. Las plantas y remedios de tierra caliente han sido buscados como muy útiles por los habitantes de zonas frías, las de la montaña por quienes viven en la llanura, atribuyéndoles propiedades maravillosas o exagerando las que realmente tienen.

Tenemos pues un hecho. El conocimiento de un importante número de remedios de origen vegetal y la posibilidad de obtenerlos. Tanto los médicos como la población en general, tenían acceso a ellos, ya que, como hemos visto, siendo en las grandes ciudades al menos el médico y el herbolario personas diferentes, estos últimos estaban organizados de manera que en los mercados pudieran vender plantas medicinales y preparados, existían inclusive vendedores ambulantes denominados chichimecas por su procedencia, reputados de tener un buen conocimiento de las plantas de su región y de saber fabricar bebedizos y otros medicamentos, ofrecían sus productos por las calles. Traídas por comerciantes, producto de tributos, transportadas por individuos procedentes de pueblos sojuzgados que así aliviaban su miseria, existía un importante comercio de plantas medicinales en México-Tenochtitlan.

Falta por agregar otro hecho importante: la existencia de jardines en los que los señores tenían colecciones botánicas. Curiosos y deseosos de conocer cuanto había en el mundo que los rodeaba a la vez que ávidos de mostrar su poder al poseer cuanta cosa rara, provechosa o bella hubiera en la naturaleza, haciendo así hincapié en su papel de enlace con el mundo de los dioses, los señores mexicas habían, por lo menos desde tiempos de Moctezuma Ilhuicamina, construido casas espaciosas donde guardaban plantas, todo género de fieras, aves y seres señalados por los dioses como enanos, jorobados, albinos, etcétera. Los conquistadores, Cortés y Bernal Díaz, hablan con asombro de lo que allí había. Regio en realidad debió haber sido el jardín de la capital. Sin embargo, el más renombrado e importante de esos establecimientos fue el que Moctezuma I mandara hacer en

Oaxtepec en 1467. La elección del lugar fue importante: un deleitoso sitio donde abundaban las "peñas vivas, jardines, fuentes y árboles frutales", nos dice el historiador Alvarado Tezozómoc; un sitio cercano a la capital, donde un clima propicio, agua abundante y una altitud un poco menor que la de México permitían que se dieran de lado a lado las plantas del trópico y las propias del altiplano. Escogido y preparado el sitio, partieron mensajeros a diversos lugares con la misión de traer de ellos las plantas preciadas que allí hubiera, "con raíces y envueltas en petates"... Como se ve el fin no era simplemente tener muestras, sino lograr su aclimatación y reproducción en el nuevo jardín. El mismo Alvarado Tezozómoc, descendiente de los señores mexicas, dice expresamente cómo, de la costa de Cuetlaxtlán, en la zona norte de lo que hoy es el estado de Veracruz, fueron traídos los árboles del cacao (Teobroma cacao) y las vainillas aromáticas —menciona dos de ellas, la *tlilxóchitl* y la *mecaxóchitl*— el árbol de la olorosa flor del corazón, el *yolloxóchitl* (talauma mexicana), el preciado *hueynacaztli* (Enterolobrum yelocarpum) a cuyas flores atribuían mágicos significados, el *cacahuaxóchitl* (Quararibea funebris) elogiado en los poemas... Todo ello holgó mucho a Moctezuma como puede suponerse, ya que le había sido dado ver —sigue diciendo el mismo cronista— cosas jamás antes vistas por los mexicanos; "cosas suaves, olorosas y muy vistosas". No sólo esto era lo que interesaba a Moctezuma. Todas estas plantas eran a la vez plantas sagradas: sus acciones, y todas ellas las tenían, venían de los dioses.

Ahora bien, mentiríamos si dijésemos que Moctezuma "inventó" los jardines botánicos en México. En la creación y desarrollo del jardín de Oaxtepec, como en otras tantas cosas, tuvo la guía y consejo del rey de Tezcoco, Nezahualcóyotl, famoso en su tiempo por su sabiduría y conocimientos. Este fue también un infatigable constructor de jardines. Su palacio de recreo de Tetzcutzingo, situado cerca de la actual ciudad de Tezcoco en los lugares conocidos con los nombres de una hacienda colonial, "Molino de Flores" y el muy alusivo de "Baños de Nezahualcóyotl", tenía un jardín cuya riqueza y delicias fueron proverbiales. Orquídeas y magnolias, dalias y *ahuehuetes* crecían allí juntos; árboles y flores de todo tipo, procedentes de sitios remotos; las flores olorosas de tierra caliente, todas estaban allí.

Los jardines de Nezahualcóyotl habían proliferado al par que sus palacios en Hueytecpan, Quauhyacac, Tzinacanoztoc, Cozcaguauhco, Cuetlachatitlan, Tlateitec, Acatetelco, Tepetzinco. Tampoco fue el primero en hacer jardines de este tipo. Tenemos noticia de los que hiciera Ixtlixóchitl, su padre en Cillan y de otros del antiguo señor chichimeca Techotlalatzin. Hay también la afirmación del cronista tezcocano Alva Ixtlilxóchitl en el sentido de que los soberanos toltecas tenían jardines y tanques en el recinto de sus palacios y que éstos eran muy grandes, lo suficiente para albergar plantas y árboles —la diferenciación es del cronista— y animales de todo tipo. De acuerdo con esto podemos remontar la existencia de jardines por lo menos al siglo X, aunque con toda probabilidad los toltecas históricos, a quienes se refiere el dato mencionado, tomaron la idea de los toltecas místicos, habitantes de Teotihuacan, en cuyo caso habría que retroceder varios siglos. Sin embargo, por el momento no existe evidencia arqueológica ni documental de ello, por lo que debemos dejarlo sentado como una nueva suposición con buenas bases.

Ampliamente conocido en la medicina tradicional mexicana actual el empleo del toloache como un elemento casi mágico para obtener la fidelidad del cónyuge o para atontarlo. En tiempos prehispánicos, además de reconocer sus propiedades alucinógenas e incluso su capacidad de producir locura, sacaban provecho de sus propiedades analgésicas.

Códice Florentino.

Un segundo hecho: para la época que aquí estudiamos existían, con precedentes ya seculares, jardines botánicos en el México central.

Ahora surgen preguntas. ¿Qué significado tenían dichos jardines? ¿De acuerdo con qué criterios se estructuraban? ¿Incluían un buen repertorio de plantas medicinales?

Empecemos por la primera cuestión. No podemos adjudicar a los jardines prehispánicos un significado idéntico al de los modernos jardines botánicos ordenados de acuerdo con un concepto científico que habla de géneros y especies definidos en relación con su forma y su manera de reproducirse. Sólo parcialmente podemos tomar como buena la apreciación de los españoles que los admiraron en Tenochtitlan y los equipararon a las colecciones europeas por el solo placer de tenerlos. Definitivamente los jardines prehispánicos no respondían a fines científicos, no tenemos ninguna evidencia de ello. Deleite de los señores es algo que sí mencionan los textos de la época. Quizás ésa era su función principal, por lo menos aparentemente. Si profundizamos un poco en lo que dicen los cronistas, podemos establecer otros hechos que nos conducen a nuestra segunda pregunta, referente a su estructura. Las plantas que hemos mencionado, que sabemos que allí se cultivaban, pertenecen a grupos bien definidos: flores de bellos colores y plantas aromáticas. Dos aspectos de clasificación "funcional" que el hombre moderno llega a apreciar pero que no acostumbra tomar como bases clasificatorias. Plantas de tierra caliente, es decir, exóticas y raras en las tierras altas, productos de lugares lejanos y poco conocidos de virtudes maravillosas.

En otros estudios he tratado de precisar la naturaleza de estas plantas como grupo asociado a su capacidad de conferir a las personas que las empleaban y disfrutaban la posibilidad de comunicarse con el mundo de los dioses y espíritus y mantener, a través de ese contacto, una relación más directa que redundara en beneficio de toda la comunidad. Obviamente los así señalados eran gobernantes, sacerdotes, jefes militares y comerciantes en ocasiones especiales, en una palabra, los dirigentes a quienes la convivencia con lo sagrado aumentaba el espacio que los separaba del hombre común y corriente.

Pienso que una hipótesis bastante plausible es que en sus jardines los señores concentraran y cultivaran esas plantas sagradas, por lo menos algunas de ellas y llama la atención que no se mencionen otras bien conocidas como el peyote (lophophora williamsii) o los hongos alucinogénicos (psylocibe sp.). Lo que sabemos acerca de este campo es verdaderamente limitado en razón del significado místico-religioso que tenía y que fuera reprimido por los informantes indígenas del siglo XVI ante la oposición y persecución de que fueron objeto tras la conquista estos aspectos de la cultura.

¿En qué proporción contenían plantas medicinales?

Antes de proponer respuestas a esta cuestión, creo conveniente hacer algunas consideraciones acerca de lo que se podía considerar entonces como plantas medicinales y para qué. Quizá haya llamado la atención del lector que, tratándose el presente capítulo de herbolaria medicinal, no haya mencionado como expresamente presentes plantas medicinales en los jardines que he referido. La razón es simple, no son nombradas por los textos que han llegado a nosotros. En este sentido estricto lo único que puede decirse que es muy probable que las hubiera. Lo que muchos autores —entre ellos yo mismo hace algunos años— han afirmado en el sentido de que estos jardines eran de plantas medicinales y de que los médicos allí podían estudiarlas y aprender a reconocerlas, no deja de ser una exageración. Sencillamente no sabemos si esto sucedía o no. Los datos y descripciones que tenemos sobre mercados y procedencia de las plantas que a ellos llegaban orienta más a pensar en que se obtenían por recolección en el campo mismo.

Ahora bien, cuando los textos de la época nos hablan de medicina, potente medicina, medicina para. . ., no se refieren a lo mismo que nosotros entendemos ahora. En la actualidad, si hablamos de medicina, pensamos de inmediato en sustancias que tienen una acción contra alguna enfermedad o que desarrollan reacciones del cuerpo contra ella. El hombre prehispánico habla de medicina cuando, después de utilizar la sustancia, detecta cambios en el organismo. Nuestro concepto corresponde a lo que llamamos patológico-lesional; el de ellos es llamado funcional y su significado es más amplio pues abarca no solamente enfermedades —empleo ahora esta palabra en su sentido médico— sino también cualquier tipo de sensaciones molestas o extrañas, es decir no se limita a corregir lo que el médico detecta y diagnostica si no que además, intenta resolver lo que el paciente dice que siente. De tal manera la palabra medicinal cubre un terreno mucho más amplio, pudiendo encontrarse una medicina divina que transmita calor celeste al lado de la medicina del pulque, que por supuesto no cura sino que transmite su virtud, su propiedad es decir, la de embriagar.

Tomando el concepto en este sentido, es necesario aceptar que los jardines prehispánicos contenían plantas medicinales, específicamente las plantas que por su sustancia y aroma permitían al hombre ponerse en contacto con el mundo sobrenatural.

Clasificación de las plantas medicinales. Todo lo expuesto anteriormente obliga a hacer una pregunta más: si las plantas eran conocidas en número considerable y con lujo de detalle ¿con base en qué criterio se clasificaban? El problema de las clasificaciones es singular y de primordial importancia. Si comparamos lo que sucede con las plantas a lo ya expuesto en relación con la clasificación de enfermedades, tenemos que reconocer que nuestro punto de partida debe ser forzosamente diferente del considerado como tal en las clasificaciones botánicas actuales.

Los estudios realizados en los últimos cien años, tienden a cotejar las posibles clasificaciones indígenas con la clasificación científica usada hoy en día y consecuentemente las han declarado científicas o no científicas dependiendo de si concuerdan o no con ellas. De esta forma se toma a nuestra clasificación como la realidad existente en la naturaleza y a todo lo que no concuerde con ella como falso, debiendo en última instancia ser etiquetado solamente como diferente y proceder entonces al análisis de las diferencias.

No puede negarse la existencia de etiquetas clasificatorias que abarcaban géneros y hace ya casi cien años, Francisco del Paso y Troncoso propuso la idea, acertada a mi modo de ver, de que la nomenclatura nahua de las plantas empleaba dos términos que quedaban unidos, dividiéndose esto a que dicha lengua es polisintética, es decir que permite la formación de palabras compuestas por dos o más radicales, expresando conceptos complejos de una manera prácticamente figurativa. Teniendo en mente la clasificación de Linneo, él interpretó esto como una taxonomía basada en el reconocimiento de género y especie, prefigurando de tal manera, el pensamiento científico europeo.

Es aquí donde surge el problema de forzar significados en un orden ajeno al propio del material que analizamos. Por ejemplo, fueron muy importantes para basar su hipótesis la identificación del género *ayotli* con las cucurbitáceas de la botánica moderna, y del *nochtli,* que abarcaba los nopales y los diversos tipos de tunas con el género *opuntia.* Sin embargo, todas las evidencias parecen confirmar que las características morfológicas, es decir relativas a la forma y configuración de la planta, no eran las únicas tomadas en consideración. Si tomamos otro ejemplo del mismo Del Paso y Troncoso, podemos ver bien este problema. Cuando trata acerca del género *xócotl,* que significa fruta agria, dando al mismo tiempo una característica biológica y una propiedad, se encuentra frente al problema de que una clasificación que le pareció científica, la llama natural, por la semejanza empleada por él y surge de pronto un criterio extraño. Para el científico moderno esto es insoluble en el sentido de que solamente puede tomarlo como erróneo, o como hace Del Paso y Troncoso, señalar que se trata entonces de una clasificación artificial, contrastando con la clasificación "natural", que es la derivada de Linneo. Esta situación determina la aparición de un problema verdaderamente grave: se confunde la realidad con una manera de clasificarla, definiendo *a priori* como error cualquier otra forma para abordarla. No se toma en cuenta que la realidad no es tan simple y admite muy variadas posibilidades para aprenderla. La forma de clasificar la naturaleza de los antiguos nahuas no es ni más ni menos correcta, ni más ni menos apegada a la naturaleza que otras, sencillamente es distinta y responde a necesidades diferentes. Ellos pusieron interés en aspectos de la naturaleza distintos de aquéllos que han llamado nuestra atención y así clasificaron en base en sabores, colores, formas y efectos, al sitio en que crecían. Esto, si bien da una imagen de escasa sistematización, ofrece la ventaja de poder tomar en cuenta muchos más parámetros que los que pudieran considerarse en una clasificación unilateral. Lo que no sabemos y habrá que investigar, es la importancia relativa a cada una de las variantes clasificatorias dentro de la totalidad de un sistema, o bien si este sistema no existía —lo que es una posibilidad que merece tomarse en cuenta—, y buscar qué actitud frente a la realidad representa cada una de ellas y cuándo y por qué era empleada.

Señalaremos someramente algunas de las orientaciones clasificatorias, no siendo éste el sitio para profundizar.

Aunque no se conocen términos que signifiquen el genérico "planta", eran bien conocidos y empleados términos que indicaban su morfología siendo los más usuales *quáhuitl,* que significa árbol y *xihuitl,* hierba; *acatl,* caña; *zacatl,* pasto, grama.

Otras veces se referían a colores, como *cóztic*-amarillo, *iztac*-blanco, *tlapalli*-rojo, *teiltic*-negro, se usaban adicionados al nombre genérico de la planta que califican. Así tendríamos *iztac pahtli* (Psoralea Pentaphyla)-medicina blanca o tlixóchitl (Vanilla Plarifolia)-flor negra, que no es otra que la vainilla, por ejemplo. Algunas más: la referencia era al sitio en el que crecían las plantas, hablándose de acuáticas (*atl*); del bosque (*guauh*); de la montaña (*tépetl*); de área cultivada (*milli*). Se señalaban características como *yamanqui-*

blando, que compone la palabra *yamanqui texóchitl* traducida como flor de piedra blanda, la cual no ha sido identificada botánicamente. En fin se señalaban acciones, como al emplear el sufijo *pahtli,* medicina o, en este caso, planta que altera el organismo, el cual forma parte de la palabra *cihuapahtli* (montanoa tomentosa), medicina de la mujer, potente contractor del útero, de cuyos efectos y usos hablaremos al referirnos a la atención del parto; otro ejemplo sería el *iztac pahtli,* un tipo de mimosa, cuyo jugo es recomendado en el Códice De la Cruz-Badiano, instilado por la nariz para tratar los dolores de cabeza.

Desde el punto de vista de las plantas empleadas con fines curativos, se puede tener una idea bastante precisa de lo que pensaban al respecto los médicos nahuas echando un vistazo a los capítulos en que dividen la materia los textos de Sahagún y sus informantes. El capítulo séptimo, sección quinta, del undécimo libro trata de las plantas. Se refiere como es lógico esperar, a las hierbas medicinales, es decir a los *pahtli,* remedios genéricamente hablando. Sin embargo, otras secciones hablan de plantas con efectos bien definidos, como la primera, cuyo tema general son "ciertas hierbas que emborrachan" incluyendo plantas con efectos alucinógenos bien conocidos como el *peyotl* (lophophora williamsii); el *ololiuhqui* (turbina corimbosa); el *tlápatl* (Datura stramonium); los *teonanácatl* (psyloabe Sp.); etcétera; la séptima sección se refiere a las hierbas olorosas.

Con todas estas consideraciones en mente, ejemplificaremos la herbolaria medicinal de los médicos nahuas; analizando los usos y efectos esperados de unas cuantas plantas, el *yolloxóchitl* (talauma mexicana), el *huitzquíhuitl* (cirsium Sp.) y el *yautli* (tagetes florida).

En el caso del *yolloxóchitl* la situación es relativamente simple, ya que su forma semejante a un corazón cortado verticalmente en su mitad, ha hecho que se use, tal vez en un principio siguiendo el criterio mágico de que "lo semejante cura lo semejante", para aliviar los males del corazón. En la medicina tradicional actual se recomienda precisamente para eso y se ha detectado en el laboratorio que tiene efectos tornicardíacos. Sin embargo, al revisar los textos del siglo XVI encontramos otras cosas: el Códice De la Cruz-Badiano lo recomienda para "destapar" el conducto de la orina, contra la dificultad para orinar, contra la "mente de Abdera", —como llama este texto al retraso mental—, como ayuda para el viajero; Sahagún habla de su forma, sus bellas flores, de que la usaban los Señores y era muy medicinal, sin especificar para qué ni cómo se usaba; las informantes que le dieron los datos consignados en el Códice Matritense, la recomendaban para la "destemplanza" y la calentura en el cuerpo; de las Relaciones Geográficas la mencionan, la de Cuzcatlán como remedio contra las calenturas, bubas, postemas y males contagiosos, y la de Tepeaca sencillamente contra cualquier enfermedad. Si bien en la lista anterior hay efectos que se relacionan con los conceptos existentes entonces acerca del funcionamiento del corazón, por ejemplo su empleo contra el retraso mental, perfectamente explicado si recordamos que se creía que el corazón era el órgano del pensamiento; o el que habla de la ayuda para el viajero, colgado como amuleto, haciendo quizá referencia a su actividad de "fortalecer" el corazón, en este caso de manera mágica buscándose probablemente como resultado el valor, la intrepidez, el estar alerta. . .; su uso por parte de los Gobernantes, de los Señores, es asimismo congruente, empleando ellos de manera cotidiana múltiples "medicamentos" que les aumentaran la capacidad de pensar y les facilitaran la comunicación con el mundo de los dioses y los espíritus, entre otros flores bellas y olorosas. Nada nos dice la literatura posterior de su uso contra la "calentura", sobre el cual de momento sólo puedo hacer conjeturas que no vienen al caso, aunque sí cabe señalar que los usos señalados por la relación de Cuzcatlán son todos ellos congruentes entre sí, ya que se refieren a fiebre y a problemas supurativos en cuyo caso valdría la pena investigar acerca de las propiedades del *yolloxóchitl* en ese sentido, es decir antisépticas, antibióticas, bacteriostáticas. Las dos prescripciones hechas en relación con su efecto diurético, es decir, con su capacidad para hacer orinar, creo que están basadas en una excelente observación clínica, ya que todo tonicardíaco, aumentando la cantidad de sangre bombeada por el corazón, aumenta también el flujo renal y, por consecuencia, la cantidad de orina.

Aparentemente se mezclan los conceptos vigentes acerca del funcionamiento del organismo, en concreto del corazón, y la sagaz observación por parte del médico de los cambios que provoca el medicamento en el paciente.

En el caso del *huitzquílitl*, todas las prescripciones van en el mismo sentido: contra el calor excesivo, las quemaduras y la sarna, en el Códice De la Cruz-Badiano; contra las recaídas, en el Códice Florentino. ¿En qué sentido? En el de curar enfermedades calientes como eran conceptuadas todas las que se mencionan. Queda por averiguar si la planta era catalogada como fría y se usaba como contrario o si se ajustaba a la ley de semejanzas. Ambas fuentes coinciden también en decir que la raíz es la parte de la planta que debe ser empleada.

El análisis de los usos del *yauhtli* nos lleva a un mundo diferente: el de la relación directa con el mundo sobrenatural, de los dioses y sus espíritus auxiliares. En un excelente estudio recientemente publicado, Ortiz de Montellano demuestra la relación del *yauhtli* con Tláloc, enfocando las baterías de su análisis principalmente a los usos rituales de la planta en las festividades del dios. Sus usos médicos orientan en la misma dirección: para el que padece calenturas con fríos intermitentes, nos dice el Códice Florentino; para el que atraviesa algún río, lo recomienda el Códice De la Cruz-Badiano; es útil si a alguno le truena el rayo o si alguien se vuelve malvado, según el Códice Matritense. Empecemos por esta última: en su descripción de las características transmitidas al individuo por el signo astrológico dominante el día de su nacimiento, nos refiere Sahagún que los nacidos en *cequiáhuitl* "serían nigrománticos, embajadores o hechiceros. . .", harían maleficios e inclinarían los corazones a sus deseos. Este signo, uno-lluvia, se relacionaba con Tláloc y las *cihuateteo*. La asociación del dios de las aguas y la lluvia con el rayo y con el riesgo de morir ahogado al atravesar un río son obvias; permítaseme recordar al lector que tanto la fulminación por un rayo y el ahogarse eran formas mediante las cuales Tláloc señalaba a sus elegidos que debían ir al Tlalocan, su "paraíso", después de muertos. Quedan las fiebres con fríos intermitentes, y baste decir que, en la clasificación náhuatl, los que tenían el calosfrío como característica clínica, se clasificaban como frías, como acuáticas.

Lo referido acerca de los usos de estas tres plantas —pudieran ser otras las seleccionadas o ampliada la lista— sirve bien para dar una idea, por fragmentaria que sea, de la herbolaria medicinal de los antiguos nahuas. Adrede he escogido plantas de las que no todos sus usos deriven de acciones farmacológicas evidentes y concordantes con lo que pensamos actualmente, como sería el efecto tonicardíaco del *yolloxóchitl,* ya que esto confundiría al lector, orillándolo a pensar que los usos prescritos y los efectos esperados serían similares en la medicina náhuatl del siglo XVI y en la nuestra. Esto dista mucho de ser verdad. Hay aspectos que coinciden, pero siendo la medicina náhuatl un sistema completo de interpretación de la interrelación salud-enfermedad-naturaleza, en virtud de una visión del mundo particular, las observaciones, aun las coincidentes, son hechas de acuerdo a esa forma específica de ver las cosas. Con esto quiero decir que si estudiamos el empleo de plantas medicinales hecho por los médicos nahuas, lo que debemos hacer es inquirir en qué y cómo lo hacían y responder, hasta el grado de lo posible, de acuerdo con su ideología y su visión del mundo y no con las nuestras. En este sentido se puede dejar como conclusión que disponían de remedios para las enfermedades conocidas y diagnosticadas por ellos, siempre determinando los tratamientos por la búsqueda racional de efectos, y digo racional porque buscaban siempre la congruencia entre el remedio y el efecto esperado por una parte y las formas de interpretar la enfermedad y las creencias, por la otra.

9

USOS CURATIVOS DE ANIMALES Y SUSTANCIAS DE ORIGEN ANIMAL

Si el estudio de la herbolaria medicinal nahua es apasionante, no lo es menos el del empleo que hacían los *titici* de animales o sustancias de procedencia animal. Este aspecto de la terapéutica ha sido mucho menos estudiado, e inclusive podría decirse que la mayor parte de los estudios dedicados a ella han dirigido su interés hacia las semejanzas mágicas y las creencias relacionadas con mitos. El conocimiento objetivo de estas sustancias, el registro y análisis de sus acciones y efectos, salvo contadísimas excepciones, no se ha llevado a cabo.

Sería falso afirmar que en el México prehispánico no se conocían las virtudes medicinales de productos derivados de animales. Igual que lo que sucedía con respecto a las plantas, los animales eran bien conocidos y clasificados con gran detalle, con la salvedad de que nunca fue establecido un grupo que pudiéramos llamar de "animales medicinales". De buena parte de ellos se conocían propiedades que podían ser aprovechadas con fines terapéuticos, algunas veces como medicamento por sí mismo, otras como alimentación especial.

Lo mismo que sucedía con los vegetales, parte fundamental de los criterios que servían para clasificar a los animales, así como para explicar buen número de sus efectos, se basaban en las relaciones de carácter mítico que ligaban al animal con determinadas deidades, le asociaban con ciertos ámbitos de la naturaleza, le confiaban el cumplimiento de funciones específicas. De tal manera tenemos al jaguar y al guajolote asociados con Tezcatlipoca, al mono con los Ahuiateotl, los dioses del placer, con Xólotl al perro. De igual forma encontramos al jaguar como disfraz del señor de las cuevas, Tepeyollotli, una advocación de Tezcatlipoca, ubicado entonces en los montes y sierras y constituido en ejecutor tanto del castigo de los pecadores como de la amenaza de un cambio cósmico completo, como el que acontecería al término del Quinto Sol, cuando los seres maléficos descenderían a la tierra y, convertidos en jaguares y otras fieras, devorarían a todos los hombres. El colibrí, ave solar, acompañaba al sol durante su viaje celeste.

El animal era tomado a veces como mensajero, en cuyo caso anunciaría males o bienes dependiendo de quien proviniera el mensaje. El canto del búho y el chillido de la lechuza eran anuncios de enfermedad o de muerte, siendo considerada esta última enviada de Mictlantecuhtli, el señor del inframundo. El épatl-zorrillo imagen también de Tezcatlipoca, anunciaba la muerte del dueño de la casa en la que entraba, y más aún si en ella paría. El canto del *huacton* (Nycticorax), era en cambio, interpretado de distintas formas: si era como risa se hablaba de que vendría buena suerte; en cambio

Siendo el jaguar un animal sumamente admirado por su fuerza y valor al grado de ser considerado como un disfraz del propio Tezcatlipoca, su carne y su sangre fueron incluidas en algunas recetas buscándose la transmisión de dichas características. Es curioso y justamente derivado de dichas creencias el que fuera prescrito a los gobernantes cuando la fatiga les impidiera cumplir con sus funciones.

Códice Florentino.

si su voz era estridente y "con gran risa" era señal funesta.

Como parte integrante de los tratamientos propiamente dichos, los animales, o sus partes o sustancias eran elementos verdaderamente importante. Revisemos algunos ejemplos.

Menciono solamente la cola del tlacuache, ya que hablo de él en otro sitio más extensamente, recordando su papel de primera elección, al lado del *cihuapahtli* (montanoa tomentosa), como estimulador de contracciones uterinas.

Un ejemplo curioso lo da la prescripción del Códice De la Cruz-Badiano que recomienda, como parte del tratamiento para la debilidad de las manos, exponer éstas a las mordeduras de las hormigas colocándolas cerca de la boca de un hormiguero. Aún poco estudiada, se conoce en la actualidad el efecto al menos paliativo que tienen ante diversos procesos reumáticos las sustancias infiltradas a través de la mordedura de hormigas o de la picadura de otros insectos, como las avispas.

Existen prescripciones en las que la propiedad característica del animal empleado es relativamente fácil de detectar tomando en cuenta mitos y creencias. El mono fue considerado de naturaleza caliente. Hombre irresponsable en otro de los soles, descuidado de sus deberes para con los dioses, dedicado a satisfacer sus apetitos, era considerado como símbolo de una actividad sexual desmedida. No podemos dejar de tomar en cuenta la relación del mono con la hemorragia y el castigo. Tal vez estos criterios fueron los que determinaron el uso del pelo y el hueso del mono en el tratamiento del esputo sanguinolento y en la atención del parto, dos problemas que al parecer eran considerados como calientes, estableciéndose, si la hipótesis es cierta, un tratamiento por semejanza.

La inclusión de la lagartija en el tratamiento del "menstruo sanguinolento", término dado por Badiano que debe probablemente hacer referencia a las menstruaciones muy abundantes y quizá muy frecuentes, habría que explicarla también en relación con significados calendáricos. Como signo del calendario la lagartija se asociaba con los genitales y con la actividad procreativa. Debe considerársele, aunque los textos no lo dicen expresamente, como un elemento caliente. Sin embargo aquí cabe otra consideración: al prepararla se le han de quitar la cabeza y las tripas, salarla, colgarla en un lugar frío hasta que se reseque y después quemarla; en una palabra, consumiendo todo su calor y puede ser que se esté pensando en transmitir mágicamente el resultado de esa eliminación a las pacientes.

La asociación del águila, el ave guerrera por excelencia, valerosa, noble con la orden de caballeros que la lleva por emblema, nos lleva a comentar otro ejemplo más: un ala de águila era incluida entre los remedios usados durante el parto, y su caca para aliviar el dolor después de éste. La razón es que el parto era considerado para la mujer como el equivalente a la batalla. Nuevamente encontramos la intención de transmitir propiedades por semejanza.

Al tratar sobre los remedios para la fatiga de quien administra la república y desempeña un cargo público, De la Cruz y Badiano recomiendan una lista considerable de sustancias de origen animal. Sangre de *tlatlauhqui, iztac* y *tlaco ocelotl* (jaguar rojo, blanco y pequeño respectivamente), este último de especie que no ha sido identificada; de *miztli* (puma), *cuetlachtli* (lobo) y *ocotochtli* (tigrillo o gato montés); cerebro y hiel de los mismos a los que se agregan los de coyote y los de *iztac epatl* (zorrillo blanco), del cual también se incluye la vejiga. Todo esto se ungía. Sangre, cerebro y hiel, las tres sustancias directamente relacionadas con los tres principios anímicos considerados por los sabios nahuas como rectores de las funciones mentales, el *iyollo,* el *tonalli* y el *ihiyotl* respectivamente. Estos medicamentos —dice el texto del Códice— dan al cuerpo una robustez como de gladiador; echan muy lejos el cansancio, sacuden el temor y dan bríos al corazón.

Queda por hacer un comentario respecto al manejo, en la misma receta, de animales blancos. Se ha mencionado al *iztac ocelotl* y al *iztac épatl,* jaguar y zorrillo blancos. En el mismo capítulo se recomienda también comer carne de conejo blanco y de zorruela blanca. Podría pensarse que se trata de animales albinos, incluido el conejo, pues el conejo doméstico blanco, no existía en América antes de la llegada de los españoles. Esta relación que así se establece entre animales albinos y los gobernantes, es digna de llamar la atención, sobre todo si incluimos otro hecho en el contexto: los seres humanos albinos eran considerados como muy especiales, reservados para los dioses y sacrificados a ellos en circunstancias perfectamente definidas.

El empleo de piedras obtenidas del buche de algunas aves, me lleva a comentar el problema de los bezoares, piedras formadas en el interior del estómago de los cérvidos entre los animales del Viejo Mundo, de las llamas en los del Nuevo, que fueron tenidos en alta estima como poseedoras de propiedades maravillosas por los autores europeos antiguos. Los textos mexicanos del siglo XVI —y me refiero a textos indígenas— no hablan de bezoares, pero sí de piedrecillas de aves, y las recomiendan, en este caso concreto el Códice De la Cruz-Badiano, contra el calor de los ojos, la hinchazón de los mismos, la saliva reseca, la escrófula, la disentería, el gruñido de tripas, la fiebre, la epilepsia, el retraso mental, en la proximidad de la muerte; como puede verse, enfermedades de todo género, aunque la mayoría de ellas serían quizás catalogables como calientes. Pero, al lado de este problema de carácter clasificatorio, tenemos otro: este tipo de medicación, ¿es de origen indígena o europeo? Pienso que por el momento no dispongo de los elementos suficientes para contestar esta pregunta con certeza. Probablemente fueran empleadas las piedras de los buches de las aves desde épocas prehispánicas y tomadas como equivalente completo del bezoar de los antiguos al enterarse nuestros médicos de la existencia de este último; pero no puedo dejar de señalar que la única mención que Badiano hace de Plinio, el célebre autor romano, la relaciona con la alectoria, que no es otra cosa sino la piedra extraída del buche de las gallináceas.

Como se desprende de estos cuantos ejemplos, la terapéutica a base de productos animales era sumamente variada y rica y abarcaba un repertorio bastante importante de fauna. Se observa un fenómeno curioso en relación con este tipo de medicamentos: fueron muy escasamente incorporados a la terapéutica colonial y menos aún a la europea, encontrándose incluso una pérdida bastante importante de ellos en los estudios antropológicos modernos, aun cuando este último hecho no sé si pudiera deberse a que los investigadores han puesto mucho más interés en los vegetales que en los animales. También es de señalarse que en las fuentes de procedencia indígena del siglo XVI, no se encuentran incluidos animales europeos en los tratamientos, ni siquiera son mencionados; en tanto que con las plantas sucede todo lo contrario, habiéndose (para la época en que se escribieron los textos) llevado a cabo una aculturación muy intensa en ambos sentidos. Es un hecho indiscutible que en nuestro país se ha desarrollado mucho más la etnobotánica que la etnozoología.

Por otra parte es también más sencilo recolectar plantas que animales y lo mismo sucede en cuanto se refiere al estudio y experimentación de sus propiedades. De tal modo se han sobrecargado las interpretaciones de carácter mágico, buscándose relaciones de carácter mítico y semejanzas que expliquen la transmisión de propiedades, en detrimento de la consideración de acciones y efectos objetivamente demostrables —farmacológicos en la terminología científica moderna—, de los cuales no sabemos nada y únicamente podemos decir que no se han estudiado. Queda abierto en este punto un campo de investigación prácticamente inexplorado.

10

LAS PIEDRAS, LOS MINERALES Y LA MEDICINA

Un buen número de metales, tierras, piedras, residuos de elementos orgánicos fosilizados, etcétera, eran empleados en medicina. Una vez más nos encontramos con ellos ante el problema de ubicarlos en sus relaciones con los diferentes sectores del universo, y solamente a partir de ese punto, entender el porqué de las propiedades que se les atribuía, no sólo de una manera objetiva y científica, sino también de una forma asimismo objetiva, pero en razón de la visión prehispánica.

Una parte importante del estudio de estos elementos se ve dificultada por el hecho de que hasta ahora se han realizado muy pocas indagaciones al respecto y la mayoría del material disponible descansa, muchas veces con escaso sentido crítico, en información derivada de los lapidarios y libros de medicina de la Europa de los siglos XIV a XV, con la consecuente deformación de información e interpretaciones. Más aún, el texto más rico en datos acerca de minerales, es el Códice De la Cruz-Badiano y no ha sido nunca analizado con la profundidad requerida para discriminar, en el caso concreto de estos elementos, cuáles proceden sin mezcla de tiempos prehispánicos, en cuáles se han encimado conceptos y usos europeos y cuáles elementos europeos se habían ya incorporado a la terapéutica indígena —de Tlatelolco por supuesto— para mediados del siglo, cuando se escribió el manuscrito.

No obstante están bien documentados los usos de unas cuantas piedras y minerales, alrededor de cuarenta, las cuales son muestra representativa de lo que se hacía con ellas. Hablando en términos generales, en los textos de Sahagún y sus informantes, se mencionan separadamente y, salvo una excepción, la del uso de los polvos resultantes de raer *quiauhteocuitlatl* y *xiuhtomoltetl,* dos tipos de piedras que no han sido identificadas; mezclados, indica sus usos y beneficios dando la impresión de que fueran empleadas solas; en tanto que en el Códice De la Cruz-Badiano privan las recetas de medicamentos constituidos por múltiples remedios.

Si falta el estudio moderno de sustancias animales que validen científicamente su empleo —cosa importante para nosotros, pero que de ninguna manera lo era para los médicos indígenas ni para sus pacientes—, menos aún lo tenemos sobre piedras y minerales, de manera que en los ejemplos que siguen me limitaré a describir y comentar lo que dicen los autores de la época, sin poder ofrecer juicios ni datos que aboguen por la efectividad real de los remedios propuestos.

Las dos piedras que mencioné, *quiauhteocuitlatl* y *xiuhtomoltetl,* son de interés por la correlación entre la creencia en el origen extraño, sobrenatural de una de ellas, y las enfermedades para las cuales se prescribía: refiere Sahagún que la *quiauhteocuitlatl* era una piedra que creían sus informantes se encontraba en Xalapa, Itztepec y Tlatlauhquitepec, sitios en los que caía de las nubes cuando comenzaba a tronar y llover en los montes y, enterrada, iba creciendo año con año. Indudablemente su origen estaba relacionado con Tláloc y los tlaloques y las enfermedades que sanaban también. Eran administradas hechas polvo y diluido éste en agua clara y fría, a quienes habían sido espantados por el rayo —en el caso de la primera nos dice Sahagún, "...para aquéllos que los espantó algún rayo, y quedan como desatinados y mudos..."—, a quienes padecían mal del corazón y a los que padecían de exceso de calor interior, pudiendo beberlas los sanos a guisa de prevención. Por lo que respecta al padecimiento denominado mal del corazón no debemos confundirnos y pensar que forzosamente se tratara de una enfermedad de ese órgano; no debemos perder de vista el hecho de que el corazón era uno de los centros anímicos y estaba considerado como el sitio donde, entre otras cosas, se generaba el pensamiento. Sahagún hace una aclaración a medias al agregar a muy grandes rasgos qué era lo que le sucedía al corazón: "derrueca, es decir se rota, se gira y hace hacer bascas". El girar del corazón no lo podemos tampoco tomar al pie de la letra; pero, en su sentido metafórico, esto significa un cambio radical en la conducta y el pensamiento, un desvarío, y decían que les sucedía a aquéllos a quienes los hechiceros maléficos habían dañado haciéndoles perder el juicio. El Códice Florentino nos da la clave al decirnos que la *xiuhtomolteltl* se daba a quienes comenzaban a enloquecer. Esto ofrece perspectivas interesantes: además de reforzar la relación recientemente establecida entre el corazón enfermo y la locura, considerada en este caso como síntoma cardíaco, deja entrever una relación entre este padecimiento y Tláloc, situación que no había sido contemplada antes.

Contrariamente, otras piedras parecen tener menos implicaciones creenciales y depender su uso de propiedades más bien definidas. Es muchas veces descrito y en ello coinciden todos los autores de la época que tratan del problema, que un tipo de cuarzo o jaspe de colores múltiples, con manchas rojas y verdes dominando sobre un fondo parduzco y pequeñas manchas blancas, amarillas y negras, llamado por los indígenas *eztetl*, con sólo tenerla en la mano detenía las hemorragias nasales y aun las que salían por el ano. El propio padre Sahagún refiere que curó gracias a dicha piedra, durante la epidemia de *cocoliztle* de 1576.

Una piedra roja, el *tetlahuitl,* podría tener alguna propiedad analgésica, ya que los tres usos que le dan De la Cruz y Badiano se orientan en ese sentido: aliviar el dolor de pecho, el dolor del corazón y utilizarse en los que tenían el cuerpo maltratado y golpeado.

La obsidiana, *iztli,* era considerada como un medicamento frío, cosa fácil de detectar por simple tacto. Como tal era prescrita contra el exceso de calor interior; pero su inclusión en el tratamiento de las reumas nos coloca ante el problema de clasificar a éstas como una enfermedad caliente, lo cual es contrario a lo que se dice en el pensamiento occidental y, de ser verifificado, nos proporcionaría elementos de gran valor para profundizar en el estudio de las clasificaciones prehispánicas.

11

LA CIRUGIA

La cirugía del México prehispánico se desarrolló a través de muchos siglos, evolucionando hacia el manejo adecuado de problemas concretos a los que se aplicaron ingeniosas técnicas y artificios.

Dos grandes problemas han surgido al estudiar este apasionante tema en el curso de las últimas décadas, problemas que sin lugar a dudas han desviado la atención de los temas fundamentales para su comprensión y desvirtuado la imagen lograda. En primer término debe mencionarse la aplicación forzada de términos y conceptos pertenecientes al intérprete en el contexto de otra cultura al hablar de técnicas y de posibilidades quirúrgicas; parece fácil traspolar ideas, criterios y logros técnicos.

Podría parecer lo mismo el drenaje de un absceso por un *ticitl* mexica que el drenaje hecho por un cirujano del siglo XX; ambos podrían emplear inclusive instrumentos similares y el fin de ambas acciones sería por igual la evacuación del pus. Pero ¿significa lo mismo para los dos? Pensemos que simplemente el segundo aplicaría el concepto de necrosis y lisis de tejidos frente a la acción bacteriana, en tanto que el primero hablaría en primera instancia de eliminar una sustancia extraña introducida en el organismo por diversas vías y causas.

Es totalmente diferente hacer una sangría con carácter ritual que extraer sangre de una vena para efectuar estudios de laboratorio. Es fundamental pues recordar que, al estudiar culturas diferentes a la nuestra, es preciso tomar como punto de partida la consideración de los conceptos subyacentes propios de ella.

El segundo problema, íntimamente relacionado con el anterior, se desprende no ya del hecho de ignorar conceptos existentes, sino de sobreponer los de la propia cultura. Se habla, por ejemplo, de la cirugía de tórax practicada por los mexicas en base a la extracción del corazón, hecha durante los sacrificios humanos; se habla de la existencia de una buena neurocirugía debido a la evidencia de trepanaciones, sin pensar que el sacrificio humano sencillamente ni tiene nada de quirúrgico ni, hasta donde sabemos, era realizado por los médicos, ni que para hacer neurocirugía en el sentido actual de la palabra, es necesaria la existencia de los conceptos neurofisiológicos que permiten integrar la idea de un sistema nervioso central con todo lo que esto implica.

No es correcto desprender una disciplina como la cirugía, del conjunto de conceptos y creencias médicas vigentes en la cultura que se estudia, como tampoco resulta adecuado hacer abstracción de la cosmovisión y la ideología imperantes cuando se trata de estudiar la medicina en su contexto sociocultural. De hecho, se puede hablar de una técnica o de una idea médica como tal, pero esto nada añadirá a la comprensión del fenó-

Las propieaades "farmacológicas" de sustancias de origen animal eran conocidas y utilizadas profusamente. Un ejemplo digno de mención es el uso de la infusión de cola de tlacuache como ocitócico, es decir, estimulante de las contracciones uterinas y por lo tanto como coadyuvante del trabajo de parto. Aun cuando este hecho no se ha documentado mediante investigación científica moderna, todas las observaciones médicas efectuadas durante los últimos años del siglo pasado y principios del presente coinciden en señalar su efectividad.

Códice Florentino.

meno humano que la ha generado, lo cual empobrece en forma definitiva el contenido histórico de tal estudio.

Como se ha visto, a inicios del siglo XVI, que es la época en que dadas las fuentes de que disponemos podemos tener una adecuada imagen de ella, la medicina náhuatl sufría una importante transformación que la llevaba de las causas mágicas y religiosas a buscar explicaciones de carácter físico para los fenómenos que pretendía explicar y para los problemas cuyo tratamiento había de emprender. Los dioses mismos y los múltiples seres sobrenaturales empiezan entonces a verse involucrados en explicaciones que intentan abarcar con sus repercusiones físicas la dinámica de sus acciones: la aparición de uno de estos seres, e incluso la posesión de que podía ser objeto el hombre que la afrontara podrían traducirse en una acumulación de sustancias mucosas, genéricamente llamadas *aláhuac*, alrededor del corazón.

Para entender de manera integral cómo abordaba el médico náhuatl un problema de salud él reunía en un mismo nivel de validez, una serie de consideraciones acerca del dios ofendido o del espíritu causante del padecimiento, la posibilidad de la acción maléfica de un hechicero, la aventura buena o mala expresada por la interpretación del calendario adivinatorio, los desplazamientos del calor y el frío y la pérdida del equilibrio interno del organismo, así como las manifestaciones clínicas correspondientes al factor causal involucrado. El tratamiento, respondería punto por punto a los elementos participantes en la producción de la enfermedad, de modo que un tratamiento quirúrgico o medicamentoso, por cuidadosamente que fuera prescrito y puesto en práctica, no era completo sin los conjuros, oraciones y rituales que cubrieran los otros aspectos de la realidad.

Dentro de este contexto es precisamente donde se inserta la cirugía como una modalidad de los tratamientos, ofreciendo una interesante gama de posibilidades concretas para una cantidad de dolencias y padecimientos.

En cualquier forma, al médico correspondía diagnosticar los padecimientos, inquirir y determinar sus causas y, una vez hecho esto, canalizar al paciente al templo adecuado para que se efectuara su tratamiento, al médico poseedor de una técnica específica, o bien prescribir el tratamiento y realizar los actos mágicos y quirúrgicos a su alcance.

En contraposición con lo que sucedía por ese entonces en Europa, donde el cirujano era un personaje tenido en poca estima, ignorante del latín y de los conocimientos contenidos en los ya centenarios textos médicos en boga, formado en los azares de la práctica diaria y si acaso habiendo cursado unas cuantas lecciones sobre anatomía impartidas con afán vulgarizador, el cirujano náhuatl, a quien en los vocabularios de la época se daba el nombre de *texoxotla ticitl,* cumplía simultáneamente con los quehaceres médicos y quirúrgicos y, creo, no era diferente del *ticitl.* Probablemente la diferenciación vendría a raíz de la habilidad manual de los distintos médicos, aunque, en los textos indígenas más genuinos nunca encontramos una separación tajante y radical como la que se hacía en Europa. Cabe considerar que *Texoxotla ticitl* fuera un concepto elaborado posteriormente al contacto con los españoles tratando de significar un concepto no ya propiamente indígena, sino de aculturación. Los informantes nahuas de Fray

Bernardino de Sahagún y el propio franciscano en su texto en español, mencionan toda una serie de actividades quirúrgicas entre las que caracterizan al buen médico: "...también tiene por oficio saber concertar los huesos, purgar, sangrar y sajar, y dar puntos..." o a la buena médica: "...saber sangrar... untar el cuerpo, ablandar palpando lo que parece duro en alguna parte del cuerpo, concertar los huesos, sajar y curar bien las llagas y la gota y el mal de los ojos y cortar la carnaza de ellos..."

Inclusive el personaje calificado como "mala médica" en el mismo texto es investido con atributos quirúrgicos, esta vez de contenido mágico, que es lo que acarrea su estigmatización al advenimiento del cristianismo. "Da a entender que de los dientes saca gusanos y de las otras partes del cuerpo papel, pedernal, navaja de la tierra..."

Estas descripciones se refieren a acciones quirúrgicas muy genéricas, pero es importante recordar dos cosas: que en esa época la cirugía era muy distinta a la practicada actualmente, de modo que comprendía toda acción ejecutada manualmente, y que las prácticas quirúrgicas arriba citadas definen y caracterizan al médico.

Ahora bien, las posibilidades ofrecidas para la práctica de la cirugía eran sumamente limitadas, al igual que aquéllas de que disponían los cirujanos europeos de la época. Existían grandes limitaciones de carácter técnico como el desconocimiento de la anestesia, por ejemplo; pero el principal factor condicionante tanto de los límites como de las posibilidades quirúrgicas, estaba dado por el hecho de que las teorías válidas para entender la enfermedad eran de un carácter funcionalista y no incluían en forma alguna la posibilidad en su estructura. Dicho esto resulta lógico señalar que en la cirugía náhuatl no debemos esperar brillantes éxitos de extirpación, sino una amplia gama de procedimientos evacuatorios y excelentes soluciones en el terreno de la traumatología y la cirugía reparadora.

El repertorio quirúrgico de los cirujanos mexicas fue en muchos puntos similar, en cuanto al tipo de intervenciones, a lo que se hacía en las grandes civilizaciones del mundo, en esas épocas, incluyendo a Europa. Haremos ahora, sin embargo, una síntesis de las peculiaridades desarrolladas por ellos en este terreno.

Quizá el área más desarrollada dentro de la cirugía náhuatl fue la del tratamiento de heridas y lesiones traumáticas. Las razones son obvias, en primer término una de carácter epidemiológico: la abundancia de guerras en la sociedad prehispánica y, por lo tanto, la gran frecuencia de estas lesiones; y, en segundo lugar, el hecho de que al ser evidente la causa física de ellas, el papel de los conceptos funcionales en que se basaba su teoría médica y aun el margen de actividad atribuido a fuerzas sobrenaturales, se veía minimizado e inclusive limitado a la aparición de complicaciones o al curso del proceso de curación o agravamiento subsecuentes.

Se ha hablado de la posible existencia de una clasificación de las heridas de acuerdo con sus características físicas relacionadas con la forma de producción, tomándose en cuenta las punzantes, las cortantes y las contusiones. . . La realidad es en cierta manera diferente. Entre la escasa información directa que poseemos no existe ningún texto que nos hable de clasificación de padecimientos en general, ni por supuesto de heridas, de modo que tenemos que hacer nuestra investigación en vocabularios cuya existencia permite el análisis de términos y de inferencias en base en los párrafos de carácter narrativo que tratan sobre el tema. El *Vocabulario* de Alonso de Molina proporciona una serie de términos que dan pie para hacer algunas conjeturas: una de las palabras empleadas como genérico de heridas —*uitequi*— era también usada para significar golpe y el acto de desgranar las mazorcas golpeándolas. Lo que en primera instancia hace la distinción entre contusiones, heridas contusas y otros tipos de ellas a otra categoría lingüística. El otro genérico *tlacocolli* aparentemente era exclusivo de las heridas. La gravedad de la herida fue probablemente otro elemento de diferenciación, consignando estos términos en dicho sentido: *yocoxcauitequi, yui an vitequi nematcauitequi, quemmachutequi,* todos ellos conteniendo el genérico *vitequi* y englobados por Molina bajo la traducción "herir livianamente".

Sin embargo, la mayoría de los vocablos registrados en el *Vocabulario* se refieren en su significado no al tipo de herida sino al instrumento que la causó, hablándose así de herida con la mano: *temateloliztli, tetepiniliztli, temayctemictiliztli*; herida con vara: *tetlacouitequiliztli, tetlacopitza cuiliztli, tetlacouiliztli;* herida con hierro: *tetepuzuitequiliztli;* herida de estocada: *teixililiztli, tetzopiniliztli*; herida de cuchillada: *tepuz macquauhiliztli, teuitequiliztli;* herida con el dedo: *tlamapilhitequiliztli.* En este grupo de términos es de señalar que se hable de cuchillada, estocada y herida con hierro, y no se mencione ninguna de las armas indígenas como el *atlatl,* la flecha o la macana, hecho que habla de la selectividad empleada en la selección de los vocablos ya que aún en 1571 en que se publicó el vocabulario, eran armas bien conocidas y usadas en las áreas fronterizas de la Nueva España. No obstante, creo que dejando de lado los elementos consignados, debemos prestar atención especialmente a las estructuras de clasificación que denotan un interés dirigido a expresar el agente agresor, la severidad de la lesión y, en tercer lugar, el sitio lesionado. A este respecto el *Vocabulario* de Molina sólo hace referencia a un término: *neeltepiniliztli,* que traduce como herida de los pechos, aunque el análisis semántico de la palabra nada nos indique en dicho sentido sino al hecho de dar un golpe con el codo a la mano cerrada. Ahora bien los textos médicos indígenas del siglo XVI, especialmente los de Fray Bernardino de Sahagún y sus informantes, hacen referencia precisamente a estos aspectos: en su sistematización de enfermedades y lesiones en un orden que va de cabeza a pies, habla de las heridas según el sitio, la cabeza, la nariz, los labios, los pies. . . y, en una sección que aparece ya al final del capítulo menciona el tratamiento de las heridas de "estocada, puñalada o cuchillada", notándose a este respecto lo mismo que comentamos en cuanto a la ausencia de cualquier mención a las armas indígenas.

Dejando a un lado el problema de la clasificación veamos ahora los tratamientos empleados. Hasta donde nos dicen las fuentes nada es posible afirmar acerca de la práctica de desbridaciones ni de reconstrucción de las estructuras lesionadas, excepción hecha de las rinoplastías a las que nos referiremos. Sin embargo es innegable la existencia de procedimientos de sutura, mencionados como una de las actividades propias del buen médico y específicamente referidos en las heridas de la nariz y los labios, para las que utilizaban pequeñísimas espinas de maguey como agujas y cabellos. Es de mencionar la descripción que hizo Antonio de Pineda en 1791, de que en las inmediaciones de Mezcala, Gro., encontró una clase de hormiga llamada "la arriera" que era empleada para suturar heridas aplicándose la cabeza a los bordes y permitiéndose que la hormiga los prendiera con sus pinzas, tras lo cual se le decapitaba dejando la cabeza prendida en la herida; otras hormigas eran colocadas de similar manera a lo largo de la herida. El hecho, referido a los pobladores indígenas de la zona, me parece sumamente interesante, ya que abre camino a la investigación de observaciones semejantes hechas en otras regiones del país que apoyaran el origen de dicha técnica y dieran datos acerca de su difusión. Por otra parte creo importante recordar que procedimientos idénticos de sutura eran empleados por diversas tribus africanas antes de su contacto con los europeos, por lo que cabe la posibilidad de que fuera traída a México por los esclavos negros que en tan importante escala fueran llevados a las zonas tropicales de nuestro país durante todo el periodo colonial, y quienes aquí podrían quizá haber encontrado hormigas adecuadas para ello, con procedimiento que bien habían aprendido en su tierra natal.

Las heridas, igual que los abscesos ya desbridados, eran lavadas con orines humanos, práctica compartida por buena parte de los más famosos cirujanos europeos de la época y la cual no dejaba de dar buenos resultados prácticos, explicables si tomamos en cuenta que en condiciones normales no acarrea gérmenes y que, a más del arrastre mecánico dado por el lavado, su ácido en relación con la propia de los tejidos le proporciona una cierta acción antiséptica. En este sentido, los autores del Códice De la Cruz-Badiano son explícitos, pues recomiendan su uso en casos de forúnculos y heridas infectadas.

Remedio de toda herida fue el zumo de penca de maguey cocida (Agave sp.), llamado *meulli,* aplicado sobre de ella en forma de emplasto, inclusive en casos de fracturas expuestas de las que Sahagún menciona las de la bóveda craneal; era asimismo puesto sobre la herida de los labios, previamente suturada. En fechas recientes se han efectuado estudios acerca de la fitoquímica y la efectividad real de este tipo de elementos terapéuticos de acuerdo a las necesidades de la medicina moderna, y en el caso del maguey han sido aislados polisacáridos que constituyen aproximadamente el 10% del peso; saponinas y sapogeninas, siendo las más comunes gitogeno, hecogenina, tigogenina, manogenina, diogenina y esmilagenina, las cuales poseen una leve acción antibiótica y muy importante actividad fungostática, además de que algunos autores afirman que algunas de ellas tienen acciones antivíricas debidas tal vez a sus efectos sobre la tensión de superficie.

Otro elemento presente en el maguey y de gran importancia al parecer en el problema que nos ocupa es un microorganismo, la Pseudomona, Lindneri que, a más de no ser patógena, actúa contra otras bacterias, como las coli aeróbicas y hongos, lo que explica bien la acción antibiótica de los emplastos de maguey. La adición de sal al emplasto, recomendada en los textos indígenas, aumentaría la presión osmótica ya de por sí alta por la presencia de polisacáridos, coadyuvando con ello a contrarrestar el crecimiento bacteriano.

Otro elemento muy usado fue la *matlalxíhitl* (commelina pálida), planta recomendada al parecer en virtud de diferentes acciones: "para que no pasme", dice Sahagún al hablar del tratamiento de las descalabraduras y prescribir su uso y sin decir qué espera de ella, la cita como tratamiento de elección en las heridas de estocada, puñalada o cuchillada. En el trabajo al que nos hemos referido acerca del tratamiento de las heridas por los aztecas, Ortiz de Montellano resume lo que se sabe hoy en día de las acciones farmacológicas de esta planta, para la que invoca una intensa acción estíptica y la capacidad de provocar contracción del músculo liso, así como ciertos efectos antiinflamatorios. Estas acciones, especialmente la estíptica quizá expliquen el porqué se empleaba en las heridas profundas, pero definitivamente no muestran una congruencia con lo referido por los textos antiguos que asocian su acción con la capacidad de disminuir localmente el calor y el hecho de evitar contracturas, lo cual nos llevaría quizá a hacer consideraciones con respecto a una posible y muy grave complicación de las heridas que es el tétanos. Para intentar aclarar estos puntos es necesario efectuar una revisión de los usos del *matlalxíhuitl* tal como se consignan en los textos indígenas del siglo XVI y analizar las enfermedades en las que se aplica, las vías y formas de preparación, a fin de establecer cuál era realmente su papel en la "farmacología" prehispánica.

Al margen y refiriéndonos a cómo controlar hemorragias, en el Códice De la Cruz-Badiano se prescribe el uso de ortigas *atzitzicaztli* para el tratamiento de epistaxis profusas así como para controlar el sangrado después de haberse practicado cirugía gingival.

El empleo de plantas con efectos antiinflamatorios es también de hacerse notar. Los bálsamos, no mencionados por el grupo de informantes de Sahagún, son en cambio recomendados varias veces en el Códice De la Cruz-Badiano en el tratamiento de las grietas de manos y pies y para las lesiones causadas por el rayo. Probablemente el anti inflamatorio más usado haya sido el *tlatlancuaye* (Iresine celosía), utilizado en casos de heridas infectadas, forúnculos, quemaduras en los niños, inflamación de las venas a las que se había puncionado, etcétera. La creencia en este efecto se encuentra ampliamente difundida en la medicina popular de nuestros días, pero falta su corroboración experimental.

Al parecer también los analgésicos fueron parte prioritaria del tratamiento de varias lesiones, entre ellas las heridas. Tal propiedad fue atribuida a plantas como el nopal (Opuntia Sp.) y el *iztauhyatl* o estafiate (Artemisia mexicana wild), equivalente americano del ajenjo. Las quemaduras fueron campo de elección para su uso, al igual que los abscesos perianales.

Las heridas en zonas visibles implicaban una preocupación más para el cirujano, que era la de lograr una cicatriz lo más estética posible. Al referirse a las heridas de los labios, los informantes de Sahagún insistían en que, hecha la sutura con cabellos, si quedaba fea, habría necesidad de "sajar" nuevamente, quemar los bordes, coser nuevamente con gran cuidado y poner sobre la sutura *ulli* derretido.

Estético también era el móvil para tratar las heridas y sobre todo, el cercenamiento de la nariz; probablemente fuera ésta una lesión frecuente en batalla, aunque también sabemos que el cortar la nariz a un individuo era pena aplicada por diversos delitos, entre ellos el adulterio, lo que daría asimismo una implicación moral a la lesión. "La cortadura y herida de las narices —nos dice Sahagún— habiéndose derribado por alguna desgracia, se ha de curar cosiéndose con un cabello de la cabeza y poner encima. . . miel blanca con sal". Hasta aquí estamos ante la relación de los cuidados comunes a otras heridas con la salvedad que se nos insiste en que aun cuando la nariz hubiese sido totalmente separada de su sitio debía intentarse su implante. En las líneas siguientes se habla de la posibilidad de que se necrosaran y se cayesen nuevamente, en cuyo caso ". . .las pondrás postizas de otra cosa. . ." Esta mención de la sinoplastía resulta sumamente interesante por tratarse de técnicas que, a más de constituir una moda en nuestros días, indiscutiblemente son delicadas y denotan un alto nivel quirúrgico. Desgraciadamente no disponemos de ningún detalle al respecto; ni de qué material se hacía la nueva nariz, o cómo se lograba esto.

El tratamiento de las fracturas fue también objeto de cuidadosas observaciones y desarrollo de técnicas sumamente evolucionadas. Los principios generales de dicho tratamiento son lógicos y, muy semejantes a los de otros sistemas médicos evolucionados: "Las quebraduras del espinazo. . . y de otro cualquier hueso del cuerpo. . . se curarán tirándose y poniéndose en su lugar". . . La tracción era, por supuesto, un procedimiento clave para reducir la fractura, logrado lo cual se llevaba a cabo la colocación de un aparato para inmovilizarla. Sahagún habla de envolturas de paños y tablillas puestas alrededor y atadas entre sí, pero ha llegado a nosotros la noticia acerca de la preparación de aparatos de inmovilización hechos con barro mezclado con plumas de aves.

Las fracturas de los huesos del pie eran tratadas en forma diferente, ya que se evitaba la reducción y se aplicaban polvos de *acocotli* (Arracacia atropurpúrea) y tuna, a los que se atribuían propiedades astringentes, envolviendo y entablillando el pie; en este caso, la inmovilización debía mantenerse durante veinte días. Era considerada la posibilidad de que se hinchara la zona circundante a la fractura, debiéndose entonces puncionar y aplicar *zazálic* (Mentzelia híspida) y raíz de *tememetla* (Echeveria gibbiflora), esta última también utilizada en infusión para beber y disuelta en el agua del baño.

La comezón, que como sabemos es sumamente frecuente en la evolución de las fracturas, era combatida aplicando tópicamente *xipetziah* (no identif.) mezclado con iztac *zazálic* (Menteela Sp.). Muy extendido estuvo el empleo de bilmas de maguey y de trementina de pino, esta última en forma natural, que llamaban ocótzotl o como emplasto, al que se daba el nombre de óxitl, ambos muy preciados por sus virtudes antiinflamatorias.

Si con todas estas medidas la consolidación obtenida no era la adecuada, se procedía a intervenir quirúrgicamente, a lograr el callo defectuoso y colocar un soporte en el canal medular. Considerando esto de suma importancia, creo útil reproducir a la letra el pasaje de Sahagún en que consigna lo anteriormente dicho: "...si con esto no sanase, se ha de raer y legrar el hueso de encima de la quebradura, cortar un palo de teas que tenga mucha resina y encajarlo con el tuétano del hueso para que quede firme, y atarse muy bien y cerrar la carne..." Con gran sencillez y sin aspavientos, el franciscano nos ofrece la primera descripción en la historia de la aplicación de clavos intramedulares, técnica no empleada sino hasta bien entrado el siglo XX. El solo hecho de poder efectuar este tipo de intervenciones nos habla de la habilidad y dominios de la técnica quirúrgica por parte de los cirujanos mexicas.

Estas intervenciones, sumamente agresivas para el paciente, debieron requerir el uso de algún procedimiento anestésico, o al menos de analgesia profunda, pero las fuentes no nos proporcionan ningún dato al respecto. Sin embargo, debemos sospechar que tal vez la causa de esto se debió más al desinterés de los compiladores europeos de los datos, quienes no concebían el uso de la anestesia y quizá no preguntaron nada en relación con ella o seleccionaron su material eliminando tal información. Esto no puede ir más allá de las conjeturas. Lo que sí podemos invocar en apoyo de la existencia de ese género de conocimientos es que en las festividades del dios del fuego, en que eran sacrificadas víctimas quemándolas vivas, se les untaba con un polvo hecho a base de *iyauthtli* (Taqetes lucida), logrando que no tuviera sufrimiento.

Las luxaciones eran manejadas presionando con la mano el lugar donde se encontraba el hueso afectado y estirando hasta colocarlo en su lugar. Un procedimiento muy particular es recomendado en el Códice De la Cruz-Badiano para tratar la luxación temporomandibular empleando eméticos buscando que con el esfuerzo del vómito y las fuerzas musculares puestas en juego regresara a su sitio el cóndilo.

La cirugía ocular fue al parecer realizada frecuentemente. La extirpación de pterigiones, llamados por Sahagún "enramado de los ojos" no es sólo mencionada por este autor sino también por De la Cruz-Badiano. Cortar la "telilla" y alzarlo con una espina desprendiéndolo poco a poco en toda su extensión es el procedimiento indicador. La aplicación postquirúrgica de leche de mujer y el zumo de plantas consideradas como propiciadoras de una buena cicatrización y como antiin-

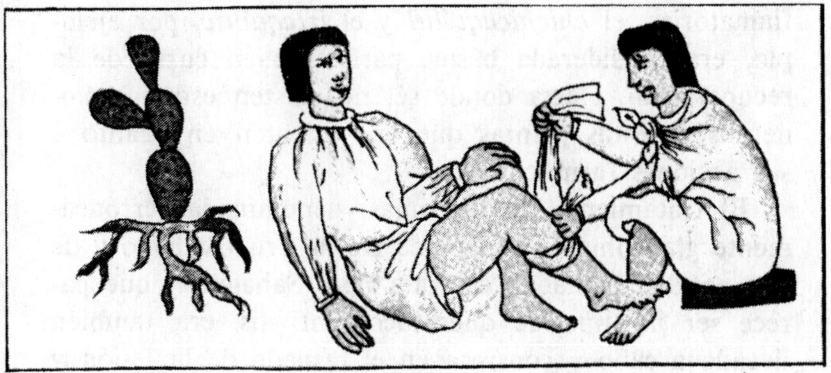

Los cirujanos nahuas eran diestros en el tratamiento de diversos tipos de heridas y en la manipulación de miembros lesionados o fracturados.

Códice Florentino.

flamatorias, el *chichicaquílitl* y el *iztaquíltic,* por ejemplo, era considerada básica para el buen curso de la recuperación. Hasta donde sé, no existen estudios modernos de estas plantas que nos orienten en cuanto a sus acciones farmacológicas.

El tratamiento de leucomas, denominadas erróneamente glaucoma en el Códice De la Cruz-Badiano y de una entidad llamada "catarata" por Sahagún y que parece ser un tipo de queratoconjuntivitis, era también llevado a cabo y consistía en el raspado de la lesión y el empleo tópico de antiinflamatorios.

A esto habría que agregar en el repertorio quirúrgico la debridación de abscesos y su manejo previo con emplastos, bizmas, untos madurativos y distintas sustancias catalogadas como "cicatrizantes" y cuyos efectos reales están por estudiarse.

12

EL TEMAZCAL

Un procedimiento curativo ampliamente usado por los pueblos prehispánicos de México era el baño en el temazcal.

Puesto bajo la protección de Toci, la abuela, llamada por ello Temazcaltoci, era el sitio de purificación por excelencia; entendiéndose el término en el sentido de echar del cuerpo las sustancias que le enfermaban o, sobrándole, amenazaban con romper su equilibrio y enfermarlo. Tenía entonces un sentido ritual y uno terapéutico que se entremezclaban entre sí, ya que estas sustancias podían representar muchas veces a las entidades causantes de la enfermedad.

Se construían temazcales en muchas casas, y refiere Clavijero que, en el siglo XVIII no había pequeño poblado que no tuviera varios de ellos. Por lo regular estaban hechos de manera que su entrada se abriera hacia una de las habitaciones de la casa, consiguiendo de ese modo que el que se bañara no sufriera al salir, de cambios bruscos de temperatura. Confeccionados con adobes formando una pequeña bóveda de poco más o menos metro y medio de alto elevada sobre una base de unos dos metros y medio, estos baños se parecen mucho a los hornos de pan. La entrada es por lo regular apenas suficiente para que pase un individuo adulto gateando, aunque en su interior bien caben dos, hecho muy de tomar en consideración ya que, cuando se empleaba el baño con fines medicinales o durante la preparación y la atención del parto, siempre el paciente o la parturienta eran acompañados por el médico, la partera o algún familiar. La hornilla donde se mete el fuego, el cual debe hacerse con leña que no produzca humo, se encuentra ubicada en la parte opuesta a la entrada y está abierta al exterior a fin de que se pueda continuar introduciendo combustible por todo el tiempo necesario. En la bóveda hay siempre un agujero que sirve de respiradero y tiro para extraer el humo. La unión entre la hornilla y la bóveda está hecha de piedras porosas, tezontle las más de las veces, que juegan el importantísimo papel de servir de indicador del grado de calentamiento del baño, ya que cuando éstas se inflaman es el momento para que entre la persona que va a bañarse y, tras dejar que se evacúe el humo de la leña por el respiradero, cierra éste, apaga las piedras echándoles agua encima y se produce el vapor característico de este tipo de baño.

Habitualmente el enfermo permanecía en el interior acostado en un petate, en tanto que el acompañante efectuaba las maniobras para atraer el vapor hacia abajo, meneando un manojo de hierbas húmedas.

Al parecer, el uso terapéutico del temazcal estaba encaminado principalmente al aprovechamiento de las acciones físicas del calor húmedo. Se sabe que además de que el paciente estaba largo rato acostado en el interior, cuando se quería exponerlo a mayor calor y que, por consiguiente, sudara más se le elevaba para acercarlo más a la altura en que se encontraban los tezontles ardientes y hacía más calor.

En el interior del temazcal se practicaban masajes y procedimientos destinados a relajar al paciente, los que eran rutinarios durante el embarazo, hasta poco antes del parto, así como durante el puerperio. Recordemos que las maniobras externas para colocar al feto en posición adecuada —la técnicamente llamada versión externa—, también se hacía en el temazcal o inmediatamente después que la paciente salía de él.

En otros padecimientos se golpeaba con suavidad la parte enferma del cuerpo con el mismo manojo de hierbas húmedas que era empleado para abanicar el vapor.

Además de a embarazadas, parturientas y puérperas, el baño en temazcal se prescribía a los convalecientes, a fin de que sudando terminaran de echar fuera a la enfermedad, a quienes hubieran sufrido traumatismos, a los picados o mordidos por animales ponzoñosos; en algunas zonas, Zayula por ejemplo, tenemos noticia de que se empleaba contra todas las enfermedades como remedio único y universal.

En el uso del temazcal tenemos un coadyuvante más, esta vez físico, para lograr un tratamiento integral de los padecimientos.

13

EL CUIDADO DE LA EMBARAZADA Y LA ATENCION DEL PARTO

Como en la gran mayoría de las sociedades cuya economía depende básicamente de la agricultura, en las comunidades nahuas uno de los ideales perfectamente establecidos era el que las parejas procrearan muchos hijos. La riqueza en descendientes era un bien preciado. Fue proverbial la dicha alcanzada por Nezahualcóyotl con su medio centenar de hijos. Recordemos que entre los señores era legalmente aceptada la poligamia y que, al lado de las esposas legítimas, podían existir concubinas. Los estudiosos modernos han insistido bastante en el importante papel que jugaban estas costumbres en el mantenimiento de un equilibrio numérico entre la minoría gobernante y la población en general.

La mujer tenía como misión principal en la vida el procrear hijos. Aquella que moría durante el parto, especialmente si era el primero, pasaba a ser una de las *cihuateteo*, de las mujeres diosas. Se consideraba al trabajo de parto como equivalente a la acción de los guerreros en batalla y la muerte en él correlativa de la que éstos podían sufrir en la guerra florida o en la piedra de los sacrificios. Valiente y guerrera, la mujer podía surgir del parto vencedora, trayendo a la tierra nueva vida, o entrar al mundo de los dioses para acompañar —como hemos visto— al sol, en su descenso.

Desde la más temprana edad las niñas recibían una educación encaminada a prepararlas para desempeñar bien su papel de madres y mujeres de hogar. La madre y las ancianas del *calpulli* eran quienes se encargaban de transmitir los conocimientos indispensables sobre las funciones de la mujer, la vida, el nacimiento, sus obligaciones y responsabilidades sociales. Estas enseñanzas eran dadas en forma de discursos, a los que tan afectos eran nuestros antepasados nahuas, que eran llamados genéricamente *huehuetlatolli,* o sea, pláticas de viejos. Los había para dirigirse al señor recién electo, de éste al pueblo, de los padres y las madres a los hijos e hijas, para ocasiones importantes como nacimientos, casamientos y para fijar las normas de conducta. Se han conservado algunos de estos discursos relacionados con el tema que aquí nos ocupa.

La relación entre el acto sexual y la reproducción no era tomada como algo directo, sino alcanzable por medio de una merced divina, ya que consideraban que el disfrutar de la sexualidad y "el oficio de la generación" habían sido don de los dioses, junto con la risa, el sueño, el comer y el beber, "cosas que dan algún contento a la vida. . ." Sin embargo creían a la vez que los niños eran hechos en el más alto de los cielos donde vivían los dioses creadores y de allí descendían al seno materno. Rica pluma y piedra preciosa eran llamados metafóricamente, indicándose así la estimación tan especial en que los tenían. La creación de todo lo viviente y de los alimentos en los cielos y de acuerdo con arquetipos que participaban en diferentes formas de la divinidad y existían desde tiempos pretéritos que quizás pudieran remontarse —como en el caso del hombre— a otras eras, fue una antigua creencia mesoamericana conservada a través de las sucesivas civilizaciones que se desarrollaron en esa área, "...habéis sido formado en el lugar más alto, donde habitan los dos supremos dioses, que es sobre los nueve cielos..."

Al cielo debían regresar los niños que morían antes de ser purificados por el agua y allí, alimentándose en el *chichiguahuitl*, el árbol de las tetas cuyas hojas como indica su nombre, eran tetas rebosantes de leche, permanecían en espera de una nueva oportunidad para regresar a la tierra. Este cielo no era el mismo donde las criaturas habían sido hechas originalmente; pertenecía al grupo de los cuatro primeros cielos y, relacionado íntimamente con el *Tlalocan*, estaba bajo la protección de Tláloc.

Los sucesores de la vida, por otra parte, eran a la vez algo individual y algo perteneciente al grupo. Los parientes esperaban cuatro días festejando el matrimonio, fuera de la alcoba nupcial hasta que la unión de la nueva pareja se hubiera consumado tras de que las casamenteras que eran las mismas médicas que como veremos, cumplían también con la atención del parto, la hubiesen llevado hasta el petate preparado al efecto.

Familiar había sido la aceptación del marido o la esposa, familiar sería la responsabilidad de la selección de la partera, cuando ésta se embarazase, así como también lo era en última instancia la que tenía la mujer al desear que en su retoño brotara la generación de sus bisabuelos y tatarabuelos, resucitando los antepasados

—de alguna manera, dicen sin precisar más los autores de la época— en aquéllos nacidos de su posteridad.

Resulta lógico entonces que, sintiéndose preñada, lo primero que hacía la mujer fuese avisar a sus padres y que éstos, a su vez, organizaran de inmediato un festejo al que eran invitados los principales del pueblo junto con los padres y madres de ambos cónyuges. Es de señalar la presencia obligada de flores olorosas y cañas de humo en estos festines, buscándose atraer siempre el buen aire. Dos viejos fungían como oradores en la gran ventura que significaba el embarazo y de la misericordia de los dioses que harían que todo fuera bien y la criatura pudiera nacer sana. Expresaban también sus temores preguntándose si serían dignos de merecerla, verla y gozarla, o si, al contrario, sería como uno de esos sueños que pasan, si "por ventura no saliera a luz ni naciera en este mundo. . ." Estas dudas y preocupaciones que probablemente parezcan ahora exagerados, estaban perfectamente justificados en esa época en que la principal causa de muerte de las mujeres eran los problemas relacionados con el parto, y en la que cerca de la mitad de los niños morían durante el primer año de su vida. En el discurso de uno de esos ancianos, que ha sido conservado por Sahagún, se hace muy patente la participación familiar en todo esto cuando dice ". . .porque el cumplimiento del deseo que tenemos del hijo y de generación, por sola la misericordia de dios se nos cumpla. . .", haciendo así mismo hincapié en la determinación completa del hombre por parte de los dioses. Sin embargo nunca se habla de un destino ineludible, sino se plantea constantemente la responsabilidad de los humanos en cuanto a la construcción, o destrucción si se quiere, de su propio destino.

Numerosos consejos se daban a la mujer preñada, insistiéndose siempre en que había de esforzarse en todo, en que debía de llorar y suspirar ante los dioses, no enorgullecerse ni pensar que se había preñado por sus merecimientos personales, en que había de barrer y limpiar los altares y oratorios que hubiera en su casa, quemar incienso a los dioses, no dormir demasiado, meditar todo el tiempo acerca de lo incierto del porvenir. El castigo de los dioses contrariados era, obviamente, la muerte de la criatura, en el seno materno, al nacer, o en sus primeros meses.

Otros muchos consejos le dirigían en razón de las prohibiciones y acciones de carácter práctico que debían de concurrir en su cumplimiento con un curso feliz del embarazo. Algunos de ellos eran de carácter dietéticos, como la recomendación de comer alimentos calientes y blandos o la de no trabajar mucho, no levantar cosas pesadas, ni brincar o correr. El calor excesivo era considerado peligroso, de manera que también se decía a las embarazadas que no se expusieran al sol ni permanecieran cerca del fuego. La tranquilidad anímica era un factor fundamental para el buen desarrollo del embarazo. Era necesario mantener a la mujer preñada en un ambiente de cordialidad, le evitarían las ocasiones de asustarse o de ser asustada, se le preservaría de los temores y las penas, se evitaría el darle malas noticias, con riesgo de abortar si no tenía todos estos cuidados. La preñada no debía de llorar, ni estar triste, ni angustiarse, pues el niño enfermaría. Si sangraba debía de comer una dieta especial, "todo bueno, caliente, blando", a fin de que no se secara el líquido amniótico y de que no enfermara la criatura. Se le recomendaba que no viera las cosas con ira, ni cosas que le provocaran disgusto, ni lo que la pudiera asustar, pues todo ello se transmitiría al niño, que no viera cosas rojas pues el niño nacería de lado. Debían cumplirse los deseos y antojos de la embarazada para evitar que el niño sufriera necesidad.

Algunas abluciones tenían como fondo creencias de carácter mágico en las que la ley de semejanzas ofrece la explicación; la embarazada no debería dormir en el día porque, de hacerlo, el niño nacería con los párpados abultados, tampoco debería masticar chicle pues al niño se le endurecería el paladar y se le pondrían gruesas las encías, no podría mamar y moriría; no debía dejar de comer para evitar que el niño sufriera hambre, pero no debía comer tierra ni gis so pena de que el niño naciera enfermo o incompleto; no comería tamales pegados a la olla, porque el niño se le pegaría y no lo podría parir; si veía ahorcados corría el riesgo de que al niño se le enrollara el cordón umbilical en el cuello.

Se creía que, como sobre otras muchas cosas, los astros tenían influencias sobre el curso del embarazo y el correcto desarrollo intrauterino del niño. Los eclipses de luna eran especialmente temidos pues se pensaba que los niños podían convertirse en ratones en el interior del vientre de sus madres o tener defectos como labio leporino, boca desviada, nariz "comida", ojos bizcos, en una palabra podían presentar cualquier tipo de deformidades.

Los últimos días del siglo, cada cincuenta y dos años estaban también cargados de significado para las mujeres embarazadas. El último día ellas y todos los niños pequeños se cubrían el rostro con máscaras de maguey, probablemente como seres débiles y que requerían especial cuidado, para protegerse de los influjos malignos que los grandes cambios astrales podían desencadenar. Desconozco la razón por la que fueran de maguey precisamente las máscaras usadas en esta eventualidad. Es interesante señalar que en este día las mujeres preñadas eran encerradas en sitios donde no hubiera otras gentes —en los graneros dicen los textos de la época—, porque, en caso de que el fin del siglo fuera también el fin del mundo, ellas se asimilarían a las *cihuapipiltin* y junto con todos los demás seres del crepúsculo y la noche que descienden y pueden dañar a los mortales, ese día se convertirían en fieras que se comerían a los seres humanos.

Se consideraba que el embarazo confería propiedades especiales a la mujer, la hacía más susceptible a ciertos peligros y amenazas, pero a la vez le daba una fuerza particular que la haría triunfar en ese símil de la guerra que para nuestros antepasados nahuas prehispánicos era el parto, que le haría convertirse en *tzitzimime,* que así se llamaban los seres de las tinieblas a los que me he referido en el párrafo anterior, el día del fin del mundo que, en fin, una vez parida hará que se tengan que tomar precauciones con respecto a ella. Esta fuerza era irradiada en cierta forma por el padre de la criatura, quien por ejemplo, se decía quitaba la propiedad de embriagar al pulque que él sirviera.

Las relaciones sexuales eran aconsejadas a la embarazada después del tercer mes de gestación —en "algunas ocasiones" dicen las fuentes—, a fin de que el niño creciera bien. Sería enfermizo y débil si esta fuente de energía le faltara. Por el contrario, ya crecida la criatura, "cuando ya fuera redondo el vientre de la preñada" se le prohibía tener relaciones sexuales. Si las tuviera el niño saldría sucio a la hora del parto, se vería

El cuidado del embarazo y la atención del parto estaban a cargo de la tícitl, nombre dado indistintamente a la médica y a la partera. Se aunaban en él medidas higiénicas, largos discursos encaminados a reafirmar el papel central de la procreación dentro de los ideales de la cultura y técnicas médicas complejas.

Códice Florentino.

como si estuviera bañado en atole de maíz o se pegaría al vientre de su madre y, en el mejor de los casos, hecho el semen pegajoso como trementina (*ocotzotle*), su parto sería sumamente prolongado y doloroso.

Sahagún en su historia nos dice que a unos cuantos días del parto, "los parientes, viejos y viejas" se reunían y, en un banquete, seleccionaban y llamaban a la partera que habría de hacer cargo de la atención de la embarazada. Esto es contradictorio con otros textos, algunos de ellos recogidos por el mismo Sahagún, que dan a entender que desde momentos bastante tempranos del embarazo la partera era quien indicaba a la embarazada todo lo que debía y no debía hacer. Pienso que puede afirmarse con buenas bases que se llevaba a cabo un control prenatal, por lo menos desde el tercer mes del embarazo.

La partera, llamada *tícitl* igual que los médicos, representa una de esas situaciones en que además del conocimiento y el entrenamiento, la importancia de su función, tanto profesional como social, requería que tuviera la experiencia que da la edad y quizás el haber vivido las situaciones mismas que después habría de atender; obviamente debía de ser mujer. Si el médico, genéricamente hablando, podía ser hombre o mujer, la partera tenía que ser forzosamente del sexo femenino. Además de *ticitl* eran llamadas *tepalehuiani* y *temixihuiani.* Ella tenía la fundamental misión de encomendar su paciente a las diosas que velaban por el buen curso de los embarazos y los partos, diosas madres que conocían bien todo eso: Toci, la abuela; Yoalticitl, la médica que protegía los temazcales; otra advocación de Toci, Temazcaltoci; Cihuacoatl; Quilaztli, Ixcuina, etcétera. Una conjunción entre conocimiento y protección divina, experiencia y capacidad para alejar seres e influjos maléficos de su paciente, era lo que se esperaba de la partera y ella misma lo expresaba abiertamente. Por ejemplo, en las palabras que dirigía a los familiares de la embarazada al aceptar hacerse cargo de ella, decía "y aunque soy partera y médica ¿podré yo por mi experiencia, o por mi industria poner manos en este negocio?. . . ¿Por ventura dios no me ayudará, aunque yo haga lo que es de mí, aunque haga mi oficio?. . . No era concebible la ineptitud, pero sí muy reprobables la soberbia y la presunción que seguramente serían castigadas por los dioses mediante las complicaciones del embarazo y el parto, que así quedaban no solamente relacionadas con el comportamiento de los padres de la criatura y sus familiares, sino también con el de la partera.

Además de encargarse de decir a la embarazada todos los tabúes que debía de observar, de aleccionarla en lo que debería hacer y lo que debería evitar, a partir del momento en que se hacía cargo de ella establecía una disciplina que incluía alimentación, actividad, higiene, la cual incluía como parte muy importante los baños en temazcal cuya acción relajante ha sido puesta en evidencia por varios autores modernos. La partera indicaba cuándo debía tomarse el baño y cuánto tiempo debía durar, habitualmente ella prendía el fuego y determinaba la temperatura del agua no dejando que se calentase demasiado, pues podría "tostarse la criatura". Entraba con su paciente al baño y allí le palpaba el vientre para saber cómo estaba colocado el producto y, en caso de que estuviera mal lo enderezaba efectuando maniobras sobre el vientre. Este procedimiento, llamado versión por maniobras externas sigue siendo puesto en práctica con gran habilidad por buen número de parteras empíricas que mantienen viva su tradición. La palpación era repetida múltiples veces dentro y fuera del temazcal buscando cualquier anomalía y tratando de recolocar a la criatura dado el caso de que se hubiera vuelto a colocar en una posición que implicara problemas para el parto.

Desde cuatro o cinco días antes del parto, la partera permanecía constantemente al lado de su paciente, ella misma le preparaba la comida, aunque esto sólo sucedía cuando se trataba de hijos o hijas de la nobleza y de las clases adineradas.

Al comenzar los dolores de parto, la parturienta era llevada una vez más al temazcal y después, refiere Sahagún, le daban a beber la raíz molida del *cihuapatli* (montanoa tomentosa), una hierba con potentes efectos sobre la musculatura del útero, que tiene por acción empujar hacia afuera a la criatura. Esta planta, en té, es ampliamente utilizada en la actualidad con los mismos fines y los riesgos de su uso son asimismo bien conocidos por las parteras que la emplean y toman por ello grandes precauciones en su dosificación y serios cuidados en cuantificar la intensidad y frecuencia de las contracciones de la matriz. Mal usada, en sobredosis que sólo pueden ser determinadas individualmente, puede provocar tetania uterina que conduce casi irremisiblemente a la muerte de la madre y del producto. Bien empleada, es una ayuda eficaz para la conducción del parto, como lo relatan los textos del siglo XVI. El otro estimulante de las contracciones uterinas que era usado con frecuencia, a veces en combinación con el *cihuapatli,* era la cola del *tlacuache.* Se administraba medio dedo de ella, molida. Sus efectos ocitócicos fueron estudiados y comprobados experimentalmente por los investigadores del Instituto Médico Nacional, a fines del siglo pasado.

Es muy interesante el manejo de ocitócicos por parte de las parteras indígenas, prehispánicas y actuales, ya que denota un amplio conocimiento del parto y sus mecanismos, así como de la acción de algunas sustancias para acelerarlo. He mencionado solamente dos de los más usados, aunque podría elaborarse una larga lista, sobre todo de plantas, de elementos con efectos semejantes.

El texto correspondiente de Sahagún da la impresión de que el *ahuapatli* y la cola de *tlacuache* eran usados de manera corriente, casi rutinaria, en forma similar al uso que se hace actualmente de la ocitocina y sus derivados. Los datos etnográficos difieren un poco de esto, pues en su mayoría coinciden en afirmar que su empleo se limita a los partos prolongados y en los que había dificultad para la expulsión.

La posición más comúnmente adoptada para el parto consistía en colocar a la mujer encuclillada, con los muslos separados y doblados sobre el vientre, en el que debían ejercer cierta presión, y con las manos sujetando las asentaderas por debajo. Esta posición tiene grandes ventajas, ya que orienta la fuerza de contracción de todos los músculos del cuerpo hacia el canal del parto, a la vez que permite relajar los tejidos blandos del periné, facilitándose con todo esto la expulsión de la criatura con menos fatiga y problemas para la madre y mejores expectativas para el hijo.

Algunos autores relatan, sobre todo basándose en información obtenida al estudiar comunidades indígenas en la actualidad, el empleo de otra posición, con la mujer boca abajo, sobre los cuatro miembros, colocada la partera atrás de ella.

En el curso del parto, sobre todo cuando se prolongaba y no había evidencia de la progresión de la criatura hacia el exterior, la partera indicaba nuevamente baños de *temazcal* durante los cuales palpaba otra vez a la parturienta e intentaba —y muchas veces realizaba— la versión.

Era también entonces cuando llevaba a cabo toda una serie de maniobras que tenían por fin acomodar al producto y ayudar a su expulsión, que siguen siendo de uso común en nuestro medio rural donde aún privan en la práctica las parteras tradicionales que detentan el conocimiento transmitido de generación en generación. Se levantaba en alto a la preñada, tal vez "colgándola" como se hace hoy día mediante cuerdas y rebozos y apretando con éstos la parte alta del vientre de manera gradualmente más intensa y de forma sostenida. "Alguien andaría moviendo violentamente a la parturienta", informaban los viejos médicos indígenas al padre Sahagún, significando quizá la práctica de la "manteada", procedimiento asimismo usual consistente en colocar a la paciente sobre una manta que, sostenida por cuatro personas, era sacudida con fuerza e inclusive lanzada al aire para volver a recibirla en la manta. Se le sujetaba en los brazos y se la apretaba —no nos dicen los textos de la época en qué parte del cuerpo.

Cuando la partera se daba cuenta de que el niño había muerto y que, de continuar la imposibilidad para expulsarlo, pronto sobrevendría la muerte de la madre, hablaba con la familia pidiéndole autorización para "adelgazar" al niño y lograr después extraerlo, desgraciadamente no disponemos de ningún dato acerca de cómo se lograba esto, si se procedía o no al aplastamiento de la cabeza, si el problema era por desproporción entre el tamaño de ésta y el de la pelvis de la madre, o de la parte del cuerpecito correspondiente, cuando la situación se debía a presentaciones anómalas. Había aún otra posibilidad más: el que la partera introdujera por la vagina un pedernal, es decir, un cuchillo de obsidiana y cortara en pedazos al niño muerto, efectuando el procedimiento que en medicina se llama embriotomía y que fue practicado solamente por los más hábiles parteros europeos a partir del siglo XVIII; era esta operación sumamente cruenta y desagradable que solamente se ha dejado practicar en el último siglo gracias a la facilidad que ofrece llevar a cabo la operación cesárea con seguridad tanto para la madre como para la criatura.

Fue común la creencia de que las dificultades durante el parto eran consecuencia directa de la ruptura de prohibiciones, algunas de las cuales he mencionado ya, como el comer tamales pegados a la olla, el ver ahorcados o el tener relaciones sexuales durante los últimos tres meses del embarazo. El adulterio era también marcado como causa importante de distocias y a la mujer que presentaba problemas y no se encontraba qué norma de conducta había infringido, inmediatmente se le tachaba de adúltera. El mecanismo que se aducía, igual que en el caso de relaciones sexuales tardías, era que el semen hacía que el niño se adhiriera al interior de la matriz y, como tratamiento, se recomendaba que la mujer pusiera su propia saliva en el interior de la vagina.

La existencia de todas estas maniobras nos habla de la conciencia de los problemas y del conocimiento de ellos y la forma en que los textos de la época las describen, indica su gravedad. Efectivamente, podemos decir que la principal causa de muerte en las mujeres en edad reproductiva eran las complicaciones del parto. Todavía en nuestra época, en las pequeñas poblaciones rurales del estado de Morelos, encontramos al realizar una encuesta acerca de los problemas de salud que existían en ellas, que la mayoría de las respuestas justamente expresaron eso: las mujeres se mueren de parto.

El parto significaba entonces, al mismo tiempo que la expectativa de un logro inmenso, dar a luz un hijo, una amenaza tremenda. Por eso se le equiparaba con la guerra. Parir un hijo era como tomar un prisionero, era vencer nada menos que a la muerte. Asimismo, aquélla que moría al parir, compartía la suerte de los guerreros fallecidos en el campo de batalla o en la piedra de los sacrificios; su espíritu acompañaba al sol en su recorrido celeste sólo que, si los guerreros lo hacían en su curso ascendente, las mujeres iban con él en su descenso, de manera que en el crepúsculo llegaban a la superficie de la tierra. La parturienta muerta era llamada *mometepipinque* y se atribuía a su cadáver poderes sobrenaturales, por lo que algunos fragmentos de él eran muy buscados por los hechiceros maléficos, por ejemplo el antebrazo izquierdo, que haría que su poseedor pudiera entrar en las casas sin ser sentido.

Estas mujeres muertas, en su calidad de entes espirituales eran llamadas *cihuateteo* o *cihuapipiltin,* palabras que significan mujeres diosas y mujeres preciosas respectivamente. Con este carácter se creía que vagaban por la tierra a la hora del crepúsculo, especialmente en ciertos días —como el 1-quiahuitl—, y que podían enfermar a quien se topara con ellas, especialmente si éstos eran seres débiles como mujeres embarazadas o niños.

No debe pensarse por ningún motivo que la atención del parto se redujera a los aspectos técnicos que he descrito a grandes rasgos. Si la concepción de la criatura y el curso del embarazo eran hechos de relevancia familiar y social, más lo era el parto. Ya he señalado cómo, en caso de que el feto hubiera muerto y fuera retenido, la familia era consultada y se pedía su autorización para efectuar la embriotomía. Existen, por otra parte, relatos de esa época, que conservan las fórmulas con que la partera se dirigía a la embarazada y a la familia en cada una de las circunstancias por las que aquélla pasaba. Pero, hasta ahora dejé de lado las invocaciones y conjuros que conferían al manejo del embarazo y del parto su validez completa, junto con la realización puntual de rituales bien especificados y la aplicación de sustancias medicamentosas. El haberlas dejado al final para comentarlas no quiere decir que hayan sido menos importantes, ni para las parteras que las decían ni para las pacientes que creían en ellas y en los beneficios que les brindarían. Para el lector moderno se hace más accesible abordar el asunto por los tipos de hechos en los que existe mayor similitud con los que se observan en nuestra propia cultura y pasar después a la exposición de aquéllos que difieren, al menos en teoría, de nuestro modo de pensar, como son los de carácter mágico-religioso.

Para dar idea de la importancia que se les confería, baste decir que no se iniciaba la atención de un parto sin pronunciar el conjuro correspondiente en el que la partera invocaba a sus dedos y a la tierra, personificada en la forma de un conejo boca arriba, en tanto preparaba los elementos simbólicos representativos de las partes del universo y las edades del mundo, como son el agua, el fuego y el copal destinado a los sahumerios y los medicamentos sagrados, el tabaco (nicotiana rústica) y el *yauhtli* (tagetes erecta), que serían untados en el vientre de la parturienta. Proseguía el ritual prendiendo un fuego ante el cual se realizaría el parto y el cual, símbolo de la vida del niño, debía mantenerse encendido durante los cuatro días subsecuentes, siendo, como se ha visto, el cuatro un número lleno de significados. Un dato en el texto del conjuro, el pedir que se iniciara ya el dolor, llama la atención pues podría indicar que, o bien, se efectuaba el ritual varias veces en los días próximos a la fecha probable del parto, o bien que se utilizaban conjuntamente medicamentos para inducirlo.

Reproduzco a continuación fragmentos de los textos de algunos conjuros tomados de la traducción de López Austin a los textos nahuas transcritos por Pedro Ruiz de Alarcón a inicios del siglo XVII.

Hablando a sus dedos y pidiendo a la tierra que iniciara los dolores del parto decía:

"Dignaos venir, los de cinco destinos,
Madre mía, Uno Conejo que permanece boca arriba,
crea ya aquí el envaramiento verde".

Y unas líneas después, dirigiéndose al tabaco:

"Dígnate venir, ¡ea!, tú,
sacerdote restallado en nueve lugares".

Al emplearse el copal y el *yauhtli* se les llamaba por sus nombres rituales:

"Padre mío, Cuatro Cañas que está moviéndose,
el rubio —con lo que invocaba al fuego—,
venerable mujer blanca, sacerdote amarillo".

En otro conjuro la partera invoca al tabaco:

"¡Ea! Ven, el golpeado contra las piedras en nueve lugares, el restallado en nueve lugares".

Y luego pide a los dioses del parto que lo inicien:

"¡Ea! Venid a abrir vuestra acequia,
tú Cuato, tú Caxochtli. . ."

Al usar la cola de tlacuache, haciendo referencia a su poder de aumentar la capacidad de contracción de la matriz, no por su acción sino a través de su resultado le decían:

"¡Ea! Dígnate venir,
sacerdote negro.
Dígnate ir a sacar al niñito.
Ya padece trabajos la criatura de los dioses.
Dignaos venir, tú, Cuato, tú Caxochtli".*

Como se puede apreciar fácilmente el lenguaje no es el empleado todos los días ni para todas las cosas. Es un lenguaje oscuro, con significados ocultos que no todo el mundo podía entender y menos aún pronunciar. Es el *nahuallatolli*, el lenguaje de los espíritus, que mé-

* A. López Austin, *Textos de Medicina* Náhuatl. SEP. México, 1971, pp. 180-181.

dicos y parteras debían conocer bien a fin de tener acceso al mundo sobrenatural.

No faltaban tampoco las invocaciones a los dioses que se pensaba influían directamente en el curso de un buen parto, el Ometestl y su pareja Omecíhuatl, como dioses creadores; Quetzalcóatl, deidad creadora y protectora del hombre y la vida en el Quinto Sol; Toci y las diosas madres; las diosas del parto como Quilaztli, Cihuacóatl, Ixcuina, Cuato y Caxoch.

La labor de la partera no concluía con el parto propiamente dicho, ni siquiera con el alumbramiento, ya que era ella quien debía extraer la placenta si ésta era retenida, suministrándole sustancias hechas a base de *cihuapatli,* proporcionándole "buenos aires" mediante sahumerios con plantas aromáticas del tipo de la vainilla aplicados por la vagina y extrayéndola manualmente en caso de que no lo lograra con los remedios antes referidos. Después debía atender al niño y colaborar en las ceremonias de purificación y de fijar su destino.

Eran bien conocidos diversos tratamientos utilizados para prevenir el aborto, contra las menstruaciones excesivas —entre cuyos remedios se contaba *éztetl,* piedra de sangre, prescrita contra todo género de hemorragias—, para aumentar la cantidad de leche en quienes amamantaban, contra los abscesos y tumores mamarios, etcétera, situaciones muy interesantes pero cuyo análisis detallado sale de los límites de nuestro estudio.

Creo de interés recalcar el conocimiento profundo de elementos vegetales y animales, llegándose a especificar acciones de medicamentos que, siendo similares si las vemos desde nuestra posición en la que contamos con conocimientos farmacológicos, tenían implicaciones muy diferentes al emplearse en momentos diferentes.

Como ejemplo se puede señalar el uso del *iyauhtli* (tagetes lucida) para desencadenar el trabajo de parto y la advertencia que transmiten las fuentes en cuanto al riesgo de que el mismo medicamento, administrado en periodos tempranos del embarazo, pudiera provocar aborto. Lo mismo puede decirse del también mencionado *cihuapahtli* (montanoa tomentosa).

Hay otros remedios con acciones no tan claramente definidas, como la recomendación de que las nodrizas comieran pene de perro asado, del que no sabemos si realmente fuera efectivo o si existiera una asociación mágica entre la producción de semen y la de leche, por ejemplo.

La atención del embarazo y el parto ofrece un excelente ejemplo de la sólida integración entre elementos religiosos, creencias mágicas y la aplicación de conocimientos obtenidos por observación, notándose la más completa congruencia tanto en sus fines como en sus contenidos. Es innegable que en este conocimiento y en esta profunda toma de raíces en los aspectos centrales de la cultura está la explicación de la persistencia de estas prácticas en el curanderismo hasta nuestros días, abarcando, con modificaciones regionales, prácticamente todo el México central, y constituyendo, no obstante las deficiencias técnicas que se evidencian si las comparamos con lo mejor de la medicina moderna, una de las posibilidades más importantes de atención por parte de personas entrenadas para eso.

14

PAPEL DEL CONJURO Y DE LA ORACION EN LA TERAPEUTICA

Si dijésemos que la medicina náhuatl fue una medicina científica, diríamos una gran mentira. Representativa como lo es de la mentalidad del pueblo que la practicó, no podía ser así. En la visión que les permitía interpretar la conformación del mundo, los nahuas incluían en un lugar preponderante la acción de dioses, espíritus e individuos dotados de fuerzas especiales. Era la suya una visión sustancialmente sujetiva, individualista, en la que la acción de los distintos tipos de seres influía de manera decisiva en el curso de los acontecimientos. Hemos visto ya cómo esta influencia era importante en relación con las creencias mantenidas con respecto al origen y evolución de los padecimientos.

Con esto en mente no es posible dejar de considerar entre los tratamientos a todas aquellas medidas orientadas a satisfacer, desenojar, congraciar, agredir o subyugar a las individualidades involucradas en el proceso. Ya se ha visto en su oportunidad la gran variedad de individualidades que se creía, podían intervenir amena-

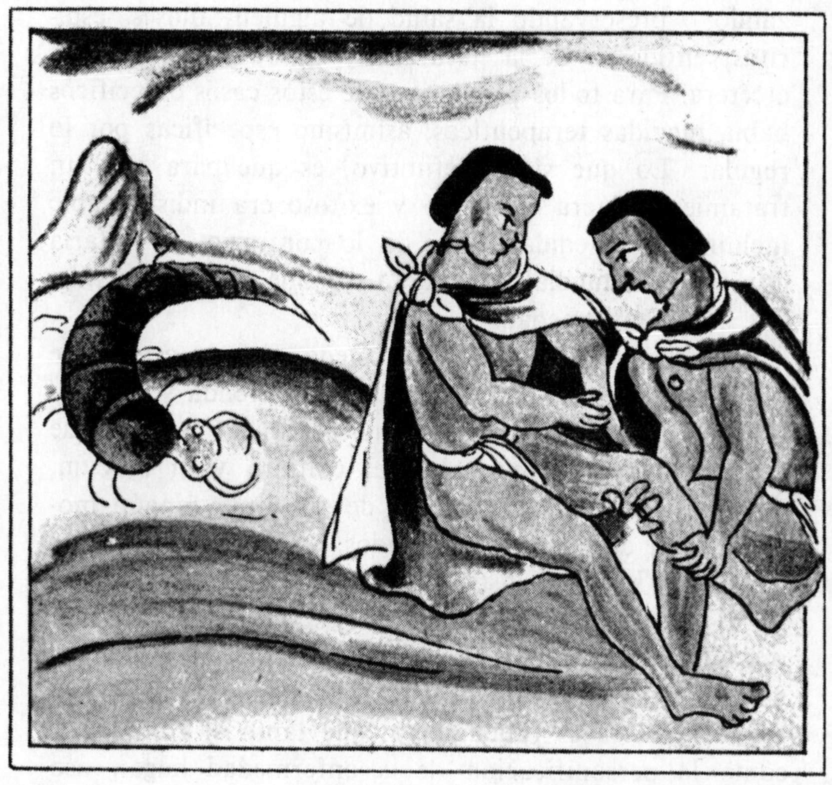

El tratamiento contra picaduras y mordeduras de animales ponzoñosos era integral e incluía el uso de plantas junto con el recurso de la repetición de los elementos del mito como sucedía en el caso de las picaduras del alacrán.

Códice Florentino.

zando o preservando la salud de alguien: dioses, espíritus, entidades de la naturaleza, nahuales, hechiceros, etcétera. Para todos y cada uno de estos casos específicos había medidas terapéuticas, asimismo específicas por lo regular. Lo que sí es definitivo, es que para que un tratamiento fuera completo y exitoso era indispensable incluir estas medidas, pues de lo contrario, le faltaría una parte sustancial, la que va dirigida a la causa misma de la enfermedad.

Son varias las formas que puede adoptar esta parte del tratamiento, según sea lo que se pretenda y a quien se dirija. En términos muy genéricos puede hablarse de dos tipos de actos verbales: el conjuro y la oración. Ambos tienen su razón propia de ser y por ningún motivo deben de ser intercambiados, ya que de serlo, los resultados serían catastróficos.

El conjuro es un género de discurso en el cual se presupone que el que lo dice y aquél a quien va dirigido tienen fuerzas que son más o menos equilibradas. De tal manera es fundamental que tanto el conjurador como la personificación de la enfermedad hagan uso de todos sus recursos para lograr prevalecer. El tratamiento es una lucha en la que se decide el futuro del paciente.

La oración, en cambio, es producto del reconocimiento de la acción de fuerzas superiores en el proceso —en este caso patológico— que se desea tratar, y entonces el hombre se coloca de antemano como inferior e incapaz de actuar por propia volición. Está sujeto al deseo de la deidad o el poderoso espíritu que lo han enfermado y se dirige a ellos en tono suplicante, existiendo las modalidades de intervención de un sacerdote y de la oración comunitaria.

En la medicina náhuatl ambas formas de discurso existían y eran de importancia fundamental. Revisemos algunos ejemplos. Pocos textos de conjuros y oraciones han llegado hasta nuestros días. De los primeros la colección más importante es la transcrita por Hernando Ruiz de Alarcón en su obra *Tratado de las supersticiones y costumbres gentílicas que hoy viven entre los indios naturales de esta Nueva España*, que por cierto no fue publicada sino hasta 1900. Estos conjuros, aun cuando datan ya de la época colonial, son de particular interés por estar en náhuatl y revelar el análisis de sus textos poca contaminación europea. De la colección, cuarenta y ocho son de carácter médico y han sido traducidos al castellano y publicados por Alfredo López Austin. A falta de otros más antiguos y considerando lo genuinos que son, tomaré de ellos mis ejemplos.

En los conjuros, ya lo decía en párrafos anteriores, el texto siempre lleva implícito el planteamiento de una lucha entre el conjurador y el ser que origina el problema que éste va a corregir, y en la que cualquiera de los dos puede ser el vencedor o el derrotado. El resultado dependerá tanto de las fuerzas de cada uno de ellos, como de las potencias anímicas que puedan hacer actuar en su favor.

El conjurador debe ante todo presentarse, ya que un aspecto fundamental de esta lucha que se inicia verbalmente consiste en impresionar al enemigo ante el solo nombre del propio individuo que pronuncia el conjuro, ante la enumeración de sus hazañas curativas, ante el nombre, tal cual o metafórico, de las fuerzas que personifica o ante el nombre de la deidad o deidades que lo auxilian. "Yo, el sacerdote, el señor de las transformaciones", se autonombra en múltiples oraciones;

otras dice: "yo soy el joven, yo soy el enemigo", y otras más: "Yo mismo, yo soy el sacerdote y soy el sabio, yo mismo soy el médico". Otras veces se identifica totalmente con una deidad, como sucede en un conjuro (el sexto en la versión de López Austin) encaminado a saber qué ocurrirá con el enfermo, en el que dice: "Yo mismo, yo soy el señor del mundo de los muertos".

En otro conjuro de la misma colección, el octavo, también empleado para pronosticar, sólo que en este caso utilizándose la medición del antebrazo, el conjurador se identifica con los arquetipos de la humanidad, los míticos sabios Oxomoco y Cipactónal, inventores de la adivinación y la medicina, además de lo cual dice conocer lo que hay en los cielos y en el inframundo, siguiendo el esquema del conocimiento que todo iniciado debe conocer: "Yo mismo, yo soy Oxomoco, yo soy Cipactónal, yo conozco al anciano, yo conozco a la anciana, yo conozco el mundo de los muertos, yo conozco el lugar que está sobre nosotros, yo mismo, yo soy el sacerdote, yo soy el señor de las transformaciones". En un conjuro para tratar los huesos fracturados se identifica nada menos que con Quetzalcóatl, al parecer en función del mito que hace a éste ir al reino de los muertos a traer los huesos de los antepasados, que se golpean y se rompen cuando él cae al huir de las codornices enviadas por Mictlantecuhtli, el señor de los muertos, las cuales por cierto son asimismo invocadas en otro conjuro semejante.

La evocación de potencias sobrenaturales es otra de las modalidades que enumeré. Esto se hace señalándose que éstas vienen con el conjurador: "Ya llevo a mi hermana mayor, Xochiquetzal...", dice lógicamente, en un conjuro amatorio (II). Llama para que vengan, a las diosas del parto, Quato y Caxoch.

Estas modalidades no son exclusivas entre sí, es decir, se podía usar varias de ellas juntas en el mismo conjuro.

A continuación se procede a identificar el mal, investigando su origen, como sucede en el séptimo conjuro de la colección, en el que se enumeran la Virgen, los santos, los venerables ángeles de Dios —todos ellos elementos coloniales, por supuesto—, los señores de las nubes, los de los montes, la tierra y el fuego, mientras se espera a que coincidan las palmas de las manos del conjurador y el enfermo, señal de que el ser nombrado en ese momento es el ofendido causante del padecimiento. Cuando ya se conoce en qué consiste la enfermedad se la identifica mágicamente, nombrándola con su nombre secreto. Este uso es de suma importancia, ya que los nombres secretos, sean calendáricos, o metafóricos, vienen a constituir parte del llamado *nahuallatolli,* el lenguaje de los nahuales, de los espíritus, forma suprema de comunicación con el mundo de lo sobrenatural. Basura blanca, basura morena, basura verde, es llamada la enfermedad proveniente de transgresiones sexuales; envaramientos, serpientes, mariposas que pueden ser verdes, amarillas, negros, blancos, rojos, oscuros, son el dolor.

Ya enumeradas las fuerzas que el conjurador representa, reconocido y nombrado el mal cuando el conjuro tiene fines curativos, o habiendo preguntado quién es el causante, cuando es de carácter diagnóstico, se procede a invocar la medicina que se aplicará y a amenazar al causante del problema. En ocasiones la amenaza se torna implícita y se pasa directamente a pedirle u ordenarle, según el respeto que merezca, que deje al enfermo.

"Dígnate venir. . ." se llama a la potencia activa del medicamento. Ninguna medicina cura por sí misma.

Cura porque es una entidad provista de voluntad, de oraciones, de características propias que definen su efecto particular. Toda medicina es un ser completo, anímicamente significativo, y su jerarquía estará dada por lo evidente de sus efectos.

También para nombrar a los medicamentos, y estoy refiriéndome a cómo se les llama para invocarlos y no a sus nombres para reconocerlos en la vida diaria, se emplean términos mágicos, nombres secretos, referentes a alguna de las maniobras efectuadas en el curso de su preparación, a alguna de las propiedades que le son características. Así, al tabaco se le llama "el nueve veces golpeado", "el golpeado contra las piedras en nueve lugares"; "verde originario del país de la medicina", el mezquite; "mujer blanca", al copal; "nueve caña", nombre calendárico, al *coanenepilli* (passiflora prullensis); "nueve viento", también calendárico por supuesto, al aire que se introduce al paciente al sahumarlo con *iyauhtli* (tagetes lucida); "rojo originario del país de la medicina". . . al *chalalatli* (no identificado); "hierba nebulosa", en este caso su nombre común, a la *hachichinoa xíhuitl* (plúmbago scandens), etcétera.

Expuesto lo anterior transcribiré los textos de unos cuantos conjuros, que son mucho más elocuentes por sí mismos que cualquier explicación. La traducción (recordemos que están escritos en náhuatl) es la de López Austin en su obra *Textos de Medicina Náhuatl.*

Conjuro para descubrir al causante de la enfermedad:

"¡Ea! Dígnate venir,
sacerdote restallado contra las piedras en nueve lugares [el tabaco]
fregado entre las manos en nueve lugares,

sacerdote verde,
madre mía, padre mío,
venerable hijo de la de falta de estrellas,
Madre mía, uno conejo que permanece boca
arriba [la tierra]
tú que estás resplandeciente,
espejo que permaneces echando acá el humo.
Ninguno debe causar daño
Ninguno debe empezar el mal.
Bese a los de cinco destinos [los dedos]
que yo vine a traer.
Dignáos venir, mis varones,
los de los cinco destinos, los de un solo patio,
los venerables de cabellera de nácar.
Veamos nuestro espejo mágico.
¿Qué dios, qué potentado lo rompe así,
así hace pedazos, daña nuestro jade,
nuestro collar, nuestra pluma preciosa?
Dignáos venir,
subamos por nuestra escalera preciosa.
No hasta mañana, no hasta pasado mañana.
Luego, ahora,
veremos quién es el que mata
al venerable hijo de los dioses,
Yo mismo, yo soy el sacerdote,
yo soy el sabio, yo mismo soy el médico".

Conjuro para saber si el enfermo sanará:

Dígnate venir, noble estimado siete serpiente [maíz].
Dignaos venir, los de cinco destinos,
los de un solo patio.
También vayamos a ver ahora
la burla de ellos, la angustia de él.

¿Acaso hasta mañana? ¿Acaso hasta pasado
mañana?
Luego, ahora.
Yo mismo, soy Cípac, soy Tónal,
yo soy el anciano.
Ya miraré en mi libro, en mi espejo,
si le sirve la venerable medicina
o si se agravará".

Conjuro para los ojos doloridos e inyectados:

"Dígnate venir, hierba nebulosa.
Dígnate venir a recoger el polvo de tierra;
dígnate venir a limpiar lo que está dañado,
nuestro espejo mágico.
Dignaos venir,
tíos nuestros, los sacerdotes,
los de cinco destinos, los de un solo patio.
Dignaos acompañar a la hierba nebulosa.
Dignaos venir, mujer blanca,
dígnate venir a limpiar
nuestro espejo mágico".

Contra el dolor de vientre:

"Dígnate venir, verde sacerdote.
Aquí te pongo, en las siete cuevas.
Persigue al verde envaramiento,
al oscuro envaramiento,
blanco sacerdote".

El medicamento aplicado por lavativa, conjuntamente con la pronunciación del conjuro, es una hierba llamada *atlinan* (rumex pulcher). Un aspecto de gran interés que aparece en este conjuro es el referente a la personificación, tanto de la enfermedad como del medicamento, situación característica de muchas medicinas no científicas, por supuesto entre ellas la náhuatl. Ya el perseguir al dolor, al "verde envaramiento", pasa de ser meramente una metáfora para convertirse en una representación.

Esto es repetido en diversas formas en el conjuro para el dolor de pecho:

"Dignaos venir, sacerdotes de los cinco destinos.
Yo soy el sacerdote,
el señor de las transformaciones,
Busco el verde envaramiento.
el oscuro envaramiento.
¿Dónde se esconde?
¿En dónde es peregrino?
Yo soy el sacerdote,
yo soy el señor de las transformaciones.
Dígnate venir,
sacerdote originario del país de la medicina.
Yo enfriaré mi venerable cuerpo,
entrarás en las siete cuevas.
Haz lugar al corazón amarillo,
tú, sacerdote originario del país de las medicinas.
Al verde envaramiento,
al oscuro envaramiento yo persigo.
Dígnate venir, tú Nueve Viento,
dígnate ir a perseguirlo. . ."

Nótese que en este caso las siete cuevas corresponden al interior del tórax, en tanto que en el conjuro anterior así se le denominaba al vientre, significando en última instancia las cavidades del interior del cuerpo. Lo mismo "originario del país de la medicina" es un término que, aplicado aquí al *coanenepilli* (passiflora o prullensis), podía serlo para un grupo amplio de medicamentos. Es también de interés señalar cómo aquí se personifica a la enfermedad y se establece una secuencia en la que primero es el médico quien la acosa y sólo en segundo término llama al medicamento en su auxilio. En cuanto a las oraciones, se dispone de un grupo de textos de primera importancia transmitidos por los informantes indígenas del padre Sahagún, consignados en náhuatl principalmente en el Códice Florentino y traducidas por él e incorporadas a su *Historia General de las cosas de Nueva España*. De ellas transcribiremos parcialmente y comentaremos dos: una dirigida a Tezcatlipoca "en tiempo de pestilencia", la otra a Tláloc cuando la sequía era agobiante. El porqué de ambas advocaciones resulta obvio, ya que Tezcatlipoca era considerado como la deidad que conocía todo y castigaba a los grandes pecadores y a los grupos que descuidaban sus deberes para con los dioses, y Tláloc, el dios de las aguas y la lluvia.

En las dos también, como debe ser en las oraciones, el interlocutor se dirige al dios con la máxima humildad exponiéndole su queja de la manera más dramática posible.

"¡Oh valeroso señor nuestro, debajo de tus alas nos amparamos, y defendemos, y hallamos abrigo —dice la oración a Tezcatlipoca—: tú eres invisible, y no palpable, bien así como la noche y el aire! ¡Oh, que yo, bajo y de poco valor, me atrevo a parecer. . . Vengo a hablar como rústico tartamudo. . .!"

"¡Oh señor nuestro humanísimo, y liberal dador y señor de las verduras y frescuras, y señor del paraíso terrenal, oloroso y florido, y señor del incienso o copal!...", decían a Tláloc.

El problema para el que se pedía solución era presentado patéticamente, como informando al dios de lo que les estaba pasando, aun cuando por otra parte afirmaban que el propio dios era la causa última del mal: "...¡que la ria y la indignación de V.M. ha descendido en estos días sobre nosotros... ya la gente popular se va acabando y consumiendo... los niños inocentes... ya mueren como abarrajados... porque ni quedan los que aún no saben andar... ni queda piante ni mamante, ya se asuela y destruye vuestro pueblo, y vuestra gente, y vuestro caudal!"

Es verdaderamente difícil encontrar un grito más desolador, y lo que lo hace aún más terrible es la absoluta impotencia que revela. "¿Por ventura habéis determinado desamparar del todo a vuestro pueblo y vuestra gente...?", le preguntan si permitirá que se destruyan templos y altares, si permitirá que se consume la total destrucción.

En la oración a Tláloc encontramos paralelos asimismo impresionantes: "¡Oh señor nuestro, dolor de nosotros que vivimos, que las cosas de nuestro mantenimiento por tierra van, todo se pierde y todo se seca...! ¡Oh dolor de los tristes maceguales... ya se pierden de hambre, todos andan desencajados y desfigurados —y sigue una descripción magistral de la desnutrición—: unas ovejas traen como de muertos, traen las bocas secas, como espanto, y los cuerpos que se les puede contar todos los huesos, bien como figura de muerte...!"

También le preguntan "¿qué es lo que habéis determinado hacer de nosotros...? ¿Habéisnos por ventura desamparado del todo? ¿No se aplacará vuestra ira e indignación? ¿Habéis determinado que se pierdan todos vuestros siervos y vasallos. . .?

Luego le proponen un trato: "¡Oh señor, siquiera concededme esto, que los niños inocentes que aún no saben andar y los que están aún en sus cunas, sean preveídos de las cosas de comer. . .!" y le plantean después el otro extremo: "¡Hágase, perdamos todos. . . Hágase, señor, lo que muchos años ha que oímos decir a los viejos y viejas que pasaron, caiga sobre nos el cielo y desciendan los demonios del aire llamados tzitzimites, los cuales han de venir a destruir la tierra. . . Tuviérades ya por bien, señor, que viniera pestilencia, que de presto nos acabara. . .!"

Este tenor de oraciones no es el que estamos acostumbrados a oír dentro del cristianismo, donde la súplica, por una parte, y las alabanzas a Dios, la Virgen y los santos, abarcan todo el contexto. Después de estos prólogos discursivos venían la parte central de la oración, la petición concreta y la súplica. Creo importante llamar la atención sobre la diferencia, porque los largos y reiterativos discursos son característicos de los pueblos nahuas en toda ceremonia, en cuanta oportunidad de hablar se presentara. Aun en circunstancias aciagas —me refiero ahora a la oración en tiempos de pestilencias—, se aprovecha la oportunidad para plantear una situación correctiva y educativa a la vez: ". . .dado que vuestras saetas y piedras han gravemente herido a esta pobre gente, sea éste como castigo de padre o madre que castigan a sus hijos, tirándoles de las orejas y pellizcándolos en los sobacos, azotándolos con ortigas y derramando sobre ellos agua muy fría, y todo esto se hace para que se enmienden de sus mocedades y

Un rasgo característico de los nahuas prehispánicos fue el uso del baño en temazcal. Era ampliamente usado tanto en un sentido ritual como terapéutico.

Códice Magliabechi.

niñerías. . ." y más adelante insiste ". . .¡Oh señor, bien sabéis que la gente popular es como niños, que después de haber sido azotados y castigados lloran y sollozan y se arrepienten de lo que han hecho. . .!" Y sólo entonces viene la petición: "¡Señor nuestro humanísimo, piadosísimo, nobilísimo, preciosísimo, baste ya el castigo pasado y seales dado término para se enmendar. . . perdonadlos y disimulad sus culpas. . .!, hablando en segunda persona del plural ahora y ubicándose el interlocutor fuera del problema, es decir poniéndose en el papel de intercesor, hecho que orienta a pensar que esta oración debía ser pronunciada por un sacerdote que, por cierto, al final se incluye suplicando no quedara desgracia.

La petición al dios de la lluvia es particularmente emotiva: ". . .Con gran suspiro y angustia de mi corazón llamo, y ruego a todos los que sois dioses del agua, que estáis en las cuatro partes del mundo. . . y los que habitáis en las concavidades de la tierra, o en el aire, en los montes altos o en las cuevas profundas, que vengáis a consolar a esta pobre gente y a regar la tierra, porque los ojos de los que habitan en la tierra, así hombres, como animales y aves, están puestos —y su esperanza— en vuestras personas. ¡Oh señores nuestros, tened por bien de venir!

Estas súplicas pidiendo agua, aun muchas veces pronunciadas en lengua nahua, siguen escuchándose hasta nuestros días, disfrazando a los dioses antiguos con vestiduras cristianas. No es necesario insistir en lo fundamental que es la lluvia para la preservación de la salud en las sociedades agrícolas con siembras de temporal, como lo fueron nuestros indígenas prehispánicos, ni la fatal asociación entre hambrunas y epidemias desoladoras.

Para concluir, quiero expresar nuevamente que la oración o el conjuro, aislados, tampoco eran considerados la solución del problema; eran punto de partida de un proceso que incluía penitencias y dádivas a los dioses, tratamientos sagrados como la Hilatl, el "agua negra" distribuida en los templos de Tezcatlipoca cuando aparecían las grandes epidemias, y tratamientos médicos ordinarios empleando gran diversidad de remedios, entre ellos el *coanenepilli* (Passiflora jorulensis), cuya reputación se mantuvo hasta la época colonial siendo prescrito, junto con la atríaca, como uno de los medicamentos más eficaces en la terrible epidemia de *cocoliztle* de 1576.

Los tratamientos integrales, es decir abarcando todas las esferas del mundo, la natural y la sobrenatural, son característicos de muchas de las medicinas no occidentales, entre ellas la náhuatl, y tienen la inmensa ventaja de catalizar la fe del paciente y reforzar de manera muchas veces decisiva la acción de los medicamentos. En este sentido son innegables la importancia y la utilidad de los conjuros y oraciones para ofrecer un tratamiento integral de la enfermedad.

15

HIGIENE Y SALUD PUBLICA

Aspectos muy importantes para mantener la salud y prevenir la enfermedad se generalizan bajo la etiqueta de hábitos higiénicos los que, al enfocarse su aplicación a toda una población mediante distintos mecanismos de acción gubernamental, se tornan en salud pública y determinan en forma sustancial las denominadas políticas de salud.

Este tipo de prácticas, a todos los niveles, existen en todos los pueblos del mundo aun cuando su manera de aplicarlas y explicarlas pueda variar radicalmente de uno a otro. Su racionalización sistematizada ha conducido en el curso del presente siglo a que se individualice una rama, más que especialidad médica, que es justamente la salud pública. Sin embargo en otras épocas y otras culturas tomó la forma de decretos o leyes emanados de los niveles más generales de autoridad —en el caso de nuestras culturas prehispánicas al *tlatoani*—, o se manifestó como tabú o prohibición religiosa impuestos a ciertas actividades o como la promoción de otras reforzadas por sentimientos asimismo religiosos.

Contrariamente al concepto vigente en la Europa cristiana medieval que negaba el valor del cuerpo, en los pueblos nahuas prehispánicos siempre se le atribuyó a éste un valor fundamental al pensarlo como reflejo y representación del cosmos. De allí la valía del sacrificio corporal y su papel en la educación superior, y de allí también los cuidados que se le daban al cuerpo para fortalecerlo y permitirle cumplir con sus complicadas y trascendentales funciones. Un régimen de austeridad y ejercicio era severamente impuesto en las instituciones destinadas a educar a los jóvenes de ambos sexos.

Higiene y aseo personal

Gran extrañeza causó a los recién llegados españoles el ver que los índigenas acostumbraban bañarse asiduamente. Exceptuando algunos individuos que no debían de hacerlo más que en circunstancias precisamente previstas, como los sacerdotes sacrificadores que sólo debían lavarse de vez en vez y en condiciones rituales, o los comerciantes que hacían el voto de no bañarse hasta regresar sanos y salvos a sus casas tras una expedición a sitios distantes y llenos de peligros, los mexicas y los habitantes de las ciudades circunvecinas se bañaban diariamente utilizando un jabón preparado a base del fruto del *copalxócotl* (cyrtocarpa educalis). Esta costumbre saludable llegó a veces a ser contraproducente, como sucedió cuando los tlaxcaltecas empezaron a contraer la viruela y bañándose en el río que por ello se llamó Záhuatl —grano— contagiaron a muchísima gente que allí acudía, contribuyendo así a facilitar, por ignorancia de la forma del contagio, la difusión de la epidemia.

Entre los nobles y especialmente el *tlatoani* esto era mucho más frecuente y riguroso, siendo señalado por las crónicas de la época que Moctezuma Xocoyotzin acostumbraba bañarse cuatro veces al día. Por igual relatan que el monarca se lavaba las manos antes y después de las comidas y que la toalla que empleaba para limpiarse servía una sola vez siendo desechada, cosa que también se hacía con los platos y loza que usaba. El lavado de las manos y la boca formaba parte de las enseñanzas que el padre debía transmitir a sus hijos.

En relación con el baño debemos recordar el difundidísimo uso del *temazcal* que, como se ha dicho ya era mezcla de ritual y tratamiento. Aun cuando autores del siglo XVI, —Suárez Peralta en concreto— refieren que era propio de parturientas, enfermos y convalecientes, no siendo adecuado para individuos sanos, parece ser que pasa por alto su uso ritual y purificatorio que después de la conquista se había proscrito y, por consecuencia había sido negado y ocultado por los indígenas. La consideración de este último modo de empleo nos explica el que existieran *temazcales* en casi todas las casas particulares, lo que resultaría absurdo de estar limitado su uso a los enfermos. Esta función purificadora del baño de vapor es una de esas medidas religiosas que, señalaba al inicio de este capítulo, refuerzan la existencia de prácticas higiénicas.

Otro punto de interés era el aseo bucal y el cuidado y limpieza de los dientes. Me referiré aquí solamente al aspecto de higiene, por rebasar los límites de esta obra aquéllos referentes a tratamientos odontológicos.

La blancura y el buen aspecto de los dientes eran tenidos en alta estima, recomendándose distintas medidas para mantenerlos así. Para prevenir las caries, se insistía en que no se comieran ni bebieran sustancias ni alimentos muy calientes, ni tomar nada frío después de haber comido cosas calientes. Asimismo se insistía en la limpieza de los dientes, a los que debía quitarse todos los restos de alimento que quedaran en ellos, especialmente la carne. Los médicos de Tlatelolco que dieron su información al padre Sahagún hablaban de tallar los dientes, indicando para cuando tenían sarro o toba, lavarlos con agua fría, limpiarlos con una tela y después rasparlos con carbón; para hacerlos relucir se agregaba luego sal; recomendaban diversas fórmulas para lavarlos, como *tlatlauhcapatli* (Geranium carolinianunm) con sal y chile o *nocheztli* (Opuntia Sp.) a la que se agregaban las mismas sustancias. El agua de *cuauhtepuztli* (no identificada) era recomendada para lavar y su corteza hecha polvo como abrasivo. En el Códice De la Cruz-Badiano se ofrece un dentífrico, la mezcla de ceniza blanca y miel blanca que debía de frotarse con un lienzo también blanco, tras de que se habían frotado y limpiado los dientes de la suciedad que tenían.

En el Códice Florentino se recomienda el uso de *tlíltic tlamiahualli* (no identificada) para ser aplicado a los dientes, pero en este caso para ennegrecerlos. Algunos textos mencionan sustancias destinadas a teñirlos de color oscuro.

Una de las versiones transmitidas por los historiadores indígenas en cuanto a la conquista de Tlatelolco por los mexicas, da como pretexto para el inicio de la guerra el repudio por Axayácatl de la hija del rey de aquella ciudad, a causa de tener mal aliento. Aun tratándose de una justificación política, el hecho bien puede darnos idea de la importancia prestada a las buenas condiciones de la boca. El mismo Códice De la Cruz-Badiano dedica también una sección a los tratamientos contra la halitosis, es decir, el mal aliento.

El vestido

Otro punto en el que coinciden las fuentes informativas es el de la limpieza de la vestimenta entre los indígenas mexicanos. Se habla de su pulcritud y de los muy frecuentes cambios de ropa que hacían. Si Moctezuma se bañaba cuatro veces al día, cuatro veces también se cambiaba de ropa. Esto no podía ser efectuado por todos sus súbditos por supuesto, pero indica la máxima expresión de una tendencia general. Creo no ser necesaria la insistencia en la importancia del cambio frecuente y la limpieza de la ropa para la existencia de mejores condiciones de salud.

Por otra parte, el tipo de vestimenta empleado era sumamente adecuado al clima, abrigando suficientemente y permitiendo a la vez una adecuada ventilación del cuerpo.

Todo esto conjuntamente tuvo una influencia favorable impidiendo la proliferación de piojos y otros parásitos, para luchar contra los cuales también proporcionan recetas los antiguos códices. Quizá esto que expongo haya sido la razón de que, existiendo tifo en el México prehispánico, nunca hubiera tomado las severas proporciones epidémicas que alcanzó tras la conquista cuando, a más de las penosas condiciones de vida, los indígenas fueron tapados y se les impidió bañarse.

Agua potable

La obtención de agua potable fue siempre uno de los problemas capitales de la creciente urbe de México-Tenochtitlan. El resto de las ciudades del México central prehispánico estaba ubicado en sitios donde había fuentes y manantiales y abundaban las aguas corrientes, de manera que no faltaba agua para sus habitantes. Para México-Tenochtitlan la situación era distinta: ubicada en un islote, en el centro de una laguna cuyas aguas en gran parte eran saladas, en la que había grandes espacios con bajos fondos y aguas estancadas y donde una población que crecía a pasos agigantados, ya que los cálculos para el año de 1520 fluctúan entre 150 y 300 mil habitantes, provocaba una intensa polución, necesitaba día a día de grandes cantidades de agua potable que sobrepasaban con mucho la escasa que producían los pequeños manantiales que había en la isla y que para mayor problema pronto se secaron o se contaminaron.

Hasta mediados del siglo XV se solucionó el problema, transportando agua procedente de manantiales ubicados en distintos sitios cercanos a las riberas del lago en grandes ollas de barro que eran distribuidas en las casas utilizando canoas destinadas exclusivamente para ese efecto. En las casas el agua se almacenaba en tinajas también de barro con tapaderas de barro o madera que impedían que se ensuciara.

Al inicio de la gran expansión mexica, en tiempos de Moctezuma Ilhuicamina, se procedió a excavar canales que bordeaban las calzadas de acceso a la ciudad, por los que se conducía agua de la que podía decirse que estaba más o menos limpia. Tomándose como precedente los trabajos de hidráulica que había realizado en su territorio, principalmente con fines de riego, Nezahualcóyotl, rey de Tezcoco, se planteó construir un acueducto que llevara el preciado líquido de Chapultepec al centro de la ciudad. Con la activa participación del rey-poeta en la planeación y dirección de las obras, el acueducto pronto fue estrenado. Con dos gruesos canales de argamasa, poco más anchos que el cuerpo de un hombre —dos pasos de ancho, dice Hernán Cortés en su Segunda Carta de Relación—, permitían que mientras uno era limpiado el otro asegurara la provisión de agua. Canales que separaban el agua limpia, evitando se contaminara mezclándose con la de la laguna, permitían el paso de aquélla a través de los puentes y acequias que cortaban la calzada.

En el cuerpo de la ciudad —continúa Cortés— llegan a un estanque en el que hombres y mujeres se sirven y beben. Las canoas que antes traían el agua desde las orillas del lago, se dedicaron a distribuir a domicilio agua obtenida del acueducto. Por tuberías se le llevaba hasta las casas de los nobles, quienes la almacenaban en estanques en los que echaban *ajolotes* a fin de mantenerla limpia.

Al crecer más aún la ciudad y aumentar el número de habitantes, Ahuizotl decidió la construcción de un segundo acueducto que debería conducir agua desde las inmediaciones de Coyoacán. Salvadas dificultades políticas y administrativas que concluyeron con la muerte del cacique del lugar que, con sus artes mágicas, se había opuesto terminantemente a la construcción del acueducto, fue éste inaugurado y, aunque uno de los manantiales que lo aprovisionaban de agua, el llamado *Acuecuexatl*, tuvo que ser cegado a poco de la inauguración tras haber provocado una gravísima inundación en la ciudad, continuaba en funciones al tiempo en que llegaron los españoles.

En términos generales, es posible afirmar que a inicios del siglo XVI, todos los habitantes de México-Tenochtitlan tenían agua potable para uso domésitco.

Manejo de excretas

No existía drenaje público para las aguas contaminadas. Los drenajes conocidos a través de las excavaciones arqueológicas, principalmente en Teotihuacan, servían más que nada para dirigir las aguas de lluvia hacia cisternas. En México-Tenochtitlan y en las demás ciudades ribereñas podemos concluir que una buena parte de las aguas de desecho y contaminadas iban a parar a la laguna. A lo largo de las calzadas y en muchas casas existían letrinas ocultas, de las que los excrementos caían sobre unas canoas colocadas exprofeso y las cuales, al llenarse, eran llevadas a tierras de cultivo que por ese hecho eran llamadas *tlalauiac.* Se habla también que parte de esos excrementos se empleaba en la elaboración de la sal y en la preparación de pieles.

Por otra parte, utilizaban vasijas de barro para recoger la orina; vasijas probablemente con tierra ya que Sahagún habla de la *axixtlalli,* tierra orinada. De esta última se extraía una sustancia que intervenía en el proceso del teñido de telas.

Manejo de la basura y limpieza de los lugares públicos

Como sigue sucediendo, una buena parte de los desperdicios se enterraba en los traspatios de las casas o era tirada en las zonas pantanosas de la orilla del lago que estaban relativamente alejadas de los poblados. Esto contribuía de manera importante, por supuesto, a la contaminación de las aguas del lago.

Sin embargo, las autoridades de las cuidades fueron tomando cartas en el asunto, de modo que para el siglo XVI, al menos en las más importantes de ellas y especialmente en las zonas ceremoniales y de edificios públicos, la situación había cambiado radicalmente. Los templos y las calles eran limpiados, barridos y regados diariamente y la ciudad entera repintada de blanco con mucha frecuencia, de modo que fue motivo de admiración para los conquistadores la limpieza y buen aspecto de la ciudad. Más de mil servidores públicos por barrio, dice Torquemada, se dedicaban a esos quehaceres, contrastando fuertemente con lo que sucedía cuando él escribía su relato. Grandes braseros ubicados de trecho en trecho servían para quemar la basura.

Lo único que no se limpiaba, y eso por motivos religiosos, era la sangre que manchaba los altares y templos de los dioses, conservada como testimonio del cuidado y servicio que se tenía con ellos. Esto fue algo que impresionó mucho a los españoles, de modo que Cortés en cuanto tuvo la posibilidad de hacerlo, ordenó que se lavasen.

El cuidado de la provisión de agua, del arribo y buena calidad de los alimentos, la guarda y buen estado de la ciudad eran parte primordial de la función del *tlatoani,* la cual era definida como la de ser padre y madre de la gente. Fundamental para el buen cometido era la consecución de su salud lograda por las buenas relaciones que mantuviera con las deidades al par que, aconsejado por ellas, emprendía obras de utilidad pública como las que aquí he mencionado.

16

LOS MEDICOS

Es imposible considerar al médico náhuatl *ticitl* de los tiempos prehispánicos bajo los mismos lineamientos que emplearíamos para estudiar a los médicos actuales, ni siquiera con los usados para el estudio de los modernos curanderos nahuas. Enormes diferencias en cuanto al concepto de la enfermedad, los tratamientos disponibles, su formación, el papel que desempeña ante el paciente y la sociedad, lo separan sustancialmente del médico moderno. El solo hecho de manejar una ideología hegemónica y ser su representativo en renglones esenciales de la vida humana, le hacen muy diferente al curandero de hoy en día, aun cuando éste maneje todavía muchos de los conceptos y prácticas prehispánicas.

En el campo, como sucede en la actualidad, había curanderos con formación empírica transmitida de generación en generación, al lado de aquéllos que recibían un llamado sobrenatural a través de un accidente, de una enfermedad, de sueños, de la influencia ejercida por los espíritus o dioses propios de un lugar o dominantes en su fecha de nacimiento, etcétera. La comunidad cultural y el hecho de que en esos tiempos posiblemente no hubiera una separación tan radical como aparece en nuestra época entre lo que podía aprender un futuro médico en las grandes ciudades y lo que heredaba un curandero del saber de sus antepasados. Ambos compartían creencias y conocimientos sobre las causas y la explicación de las manifestaciones de los padecimientos, sobre las plantas y otros elementos medicinales, los rituales a seguir y acerca de cómo practicar maniobras y operaciones. La diferencia era más bien cuantitativa que cualitativa, explicándose en función de las ventajas que tenía el estudiante que vivía en las grandes ciudades, debido a la relativa institucionalización que tenía la práctica médica en ellas y del ser éstas verdaderos centros de concentración de conocimientos y materiales procedentes de zonas muy distantes.

El médico náhuatl era representativo, por lo tanto, del conocimiento obtenido a lo largo de los siglos acumulando experiencias, y de los poderes sobrenaturales que, al fin y al cabo, le validaban y daban razón de ser. Su personalidad adquiría así una dimensión ética muy especial, ya que poseía la capacidad de aliviar y ejercer acciones benéficas para sus pacientes, pero también la de dañar, enviar enfermedades a quienes hubieran ofendido a las deidades, roto las prohibiciones impuestas o, inclusive, tuviesen malas relaciones personales con el *ticitl* o con su grupo social.

Por otra parte, el desarrollo social y militar del imperio mexica obligó a sus médicos a convertirse en el transcurso de unos cuantos años en los herederos de una tradición mesoamericana ya milenaria para enton-

Ixcuina era la diosa que velaba por el buen desenlace del parto. Los rasgos de calavera con que es representada simbolizan el riesgo de morir que corría la parturienta y la posibilidad de ser deificada si ello sucedía.

Museo Británico. Londres.

ces, al mismo tiempo que encarnaban el saber médico propio de su tribu y la multitud de experiencias particulares que entonces confluyeron en Tenochtitlan por ser el centro del nuevo estado.

El *ticitl* mexica se vio obligado a responder a condiciones sociales cambiantes y a enriquecerse aprendiendo las técnicas y conocimientos curativos de los pueblos sometidos; tuvo que aprender y aplicar sus conocimientos de manera más sistemática que antes y buscar nuevas explicaciones y sistemas de clasificación más congruentes con la cantidad y el tipo de los conocimientos y experiencias entonces disponibles. De acuerdo con lo que refirieron al padre Sahagún los informantes indígenas, su cultura provenía de dos grandes raíces: la tolteca, que les había legado las artes y las ciencias, entre ellas la medicina y la astrología, y la teochichimeca, que les heredara el idioma, las técnicas para guerrear y el uso de las plantas que ahora llamamos psicotrópicas. Es posible que esa herencia fuera determinada por el hecho de ser estos teochichimecas, pueblos recolectores-cazadores hasta fechas muy cercanas al siglo XVI, en el que esa referencia fue escrita estando asociando a tal tipo de culturas el uso de psicotrópicos.

Los médicos-sacerdotes

Un primer grupo de médicos debe identificarse con los sacerdotes de muy diversos dioses que debían saber, diagnosticar y tratar, las más de las veces conjuntando oraciones y medicinas sagradas, los males enviados por la divinidad a la que servían en particular.

Los sacerdotes de Tláloc se encargaban por lo tanto de atender a los quemados por rayo que habían sobrevivido y a los que padecían hidropesía. . .; los de Ehécatl a los que tenían tortícolis, reumas, enfriamientos; los de Xipe-Tótec, las enfermedades de la piel; los de Xochipilli y Macuilxóchitl, las almorranas y las enfermedades venéreas, los de Tezcatlipoca los padecimientos epidémicos y tal vez la locura, con su renombrada "medicina negra"; los de Ixtlilton, los males de los niños.

Todos esos médicos-sacerdotes habían cursado un riguroso aprendizaje en centros llamados *calmecac,* aunque no sabemos a ciencia cierta si en ellos se enseñaba algo de medicina, ni en qué consistía esa enseñanza. Sin embargo podemos suponer con buenas bases, que por lo menos aprenderían allí cuál era la relación entre algunos dioses y ciertos padecimientos que, como hemos visto, estaban específicamente relacionados con ellos, y los secretos de la elaboración de las medicinas propias de cada uno de esos mismos dioses, que al parecer no eran del dominio de los médicos comunes y corrientes, y mucho menos del vulgo. Estos médicos tenían, empero, una gran limitación: eran especialistas determinados por las características del dios al que servían.

Se pensaba que había también individuos que por su fecha de nacimiento debían ser médicos o hechiceros, insistiendo ahora en esto último, ya que había algunos que de acuerdo con ella, harían forzosamente el mal. Estos estaban relacionados directamente con Tezcatlipoca, el dios nocturno, del castigo, de la destrucción en este Quinto Sol.

Hay que agregar un grupo especial de sacerdotes, llamados en singular *tonalpouhqui,* que eran quienes se encargaban de establecer pronósticos a partir de la fecha del nacimiento de cada individuo y de otras fechas importantes en su vida, a través de la lectura de los libros en que se consignaban las influencias de los astros y de los dioses en las más diversas circunstancias. Estos personajes, aun sin ser propiamente médicos, jugaban un papel importante en relación con la salud ya que buena parte del pensamiento prehispánico relacionado con ella se derivaba de la creencia de que la suerte de los hombres está determinada por los astros, por lo que pasa en los cielos.

Todo lo anterior daba pie a la existencia de una sólida superestructura religiosa que encuadraba a la práctica médica de todos los días.

Existía a más de los mencionados un fuerte grupo médico, quizá el más numeroso, que era al que correspondía cultivar, aplicar y transmitir el conocimiento empírico y proponer innovaciones en la teoría y la práctica, siendo más técnicos y, por lo tanto, teniendo más posibilidad de mantener una actitud innovadora, sobre todo ante tantos y tan rápidos cambios como tuvo la sociedad mexica en los últimos dos siglos del mundo prehispánico, que una clase sacerdotal por definición más arraigada a la inmutabilidad de una tradición y viviendo dentro de un concepto del tiempo que mira hacia ciclos cósmicos mucho más largos que el que se basa en la duración de la vida humana. Ser de este grupo exigía la pertenencia a unas cuantas familias en las cuales el conocimiento era transmitido de padres y madres a hijos o a hijas. No conocemos nada acerca de los mecanismos de selección para decidir a quién o quiénes de la familia debía darse acceso al conocimiento, y solamente sabemos que en México-Tenochtitlan había médicos de ambos sexos.

La profesión del padre sí era determinante de la actividad de hijo como médico *tícitl* y se puede afirmar que la enseñanza era tutoral y en el hogar —junto con el padre o la madre— al menos durante los primeros años. No sabemos si había escuelas especiales para concluir la enseñanza de estos jóvenes, aunque en algunas fuentes del siglo XVI nos digan que había médicos examinados entre los mexicas, nos permite suponer que existieran y que tal vez fueran el *calmecac* de los barrios en los que vivían los médicos, aunque insisto, esto no pasa de ser mera conjetura.

Artesanos bien definidos, los médicos y parteras, ambos nombrados *titici* (plural de *ticitl*), como era regla en otros grupos artesanales como trabajadores de mosaico de pluma y turquesa, trabajadores textiles, orfebres, etcétera, vivían en barrios especiales para ellos. En Tenochtitlan, que es de donde poseemos información, vivían en los barrios de Atempan que compartían con los adivinos y pronosticadores, y Tzapotlaltenan, llamado así por el nombre de una diosa de la medicina, y el cual era a su vez compartido con los vendedores de *óxitl,* una resina medicinal. Como grupo artesanal tenían deidades propias, que encabezaban los panteones locales: Toci, la gran madre, protectora entre otras cosas de los *temazcales,* era venerada en Atempan y Tzapotlaltenan en el barrio que llevaba su nombre.

Hablé de la existencia de médicas. Esto es un hecho bien conocido. Desconocemos en cambio las diferencias, si es que las había, entre médica y médico, debiendo en cambio señalarse que la palabra *ticitl*, que designaba a ambos, también se usaba para las parteras. Quizás sea importante señalar que en la fiesta de Ochpaniztli, fiesta de fertilidad en la cual se celebraba a la diosa Tzapotaltenan, las figuras centrales eran siempre médicas.

Lo que conocemos actualmente es que la mujer podía desempeñar un papel importante como practicante de la medicina en general, incluyéndose en esto una serie de actividades quirúrgicas que comentaré más adelante, y no limitándose de ninguna manera a la atención de partos y problemas de la mujer.

Antes de pasar adelante me detendré por un momento para comentar acerca de quiénes debían ocuparse de problemas de salud en razón de la fecha de su nacimiento —o sea de su determinación astrológica— y de sus características. La más importante de estas fechas era *ce-quiahuitl,* uno-lluvia. Los nacidos en ella serían *nahualli* (nahuales), si tuvieran poderes sobrenaturales, o hechiceros malignos si no sobrepasaban lo humano. El *nahual,* término que significa disfraz, se creía que estaba provisto de facultades sobrenaturales, de manera que era un mediador natural entre este mundo y el de los dioses y espíritus. Se le asociaba con los dioses de la lluvia. Se decía que en el momento de su nacimiento aparecía al exterior y retornaba al seno materno cuatro veces antes de nacer realmente, creencia ésta que es mantenida en la actualidad por varios grupos indígenas de nuestro país (p. ej. zona Sur de Veracruz).

Se creía que el *nahual* podía convertirse en cualquier clase de animal y actuar como él. Podía ayudar a la gente y cuidar y preservar sus pertenencias, conocía los cielos y el mundo de los muertos; sabía cuándo había de llover y cuándo no; tenía la capacidad para enviar o retirar el granizo y las heladas; conocía los pronósticos correctos de todo tipo de enfermedades. Podía actuar como curandero, y de quererlo así también como hombre-búho *tlacatecolotl*, causando entonces enfermedades; la pérdida de los frutos y las cosechas y todo género de calamidades. Se decía que devoraba el corazón y las pantorrillas de sus víctimas. El niño que, siendo exclusivamente humano carecía de los poderes superiores, no tenía otra opción que la de ser un *tlacatecolot*.

Cuando los autores del siglo XVI, frailes cristianos como Bernardino de Sahagún, por ejemplo, nos dicen que los *nahuales* tenían la capacidad de dañar a los adultos y chupar a los niños por las noches, insisten a la vez que los "buenos nahuales" buscaban beneficiar a la gente. Creo que esta división entre buenos y malos nahuales —que también efectúa cuando distingue entre buenos y malos médicos—, nada tiene que ver con la forma de pensar de nuestros indígenas, ni precolombinos ni actuales, quienes no tenían esos conceptos éticos que separan absolutamente lo bueno y lo malo, sino creían en las causas mágicas, y veían como completamente natural el que un ser o un individuo pudieran ser benéficos para ciertas personas y maléficos para otras, dependiendo esto solamente de la calidad de relación que mantuvieran con ellas. Los conceptos de "bueno" y "malo" no tenían sentido para ellos a no ser que se agregara bueno o malo para quien.

Otro día interesante, por su influjo era *ce-ehecatl* (uno-viento), el cual hacía que los nacidos en él fueran nahuales maléficos si eran aristócratas o hechiceros malignos si eran *macehuales,* siendo *temacpalitotique* cuando eran hombres o *memetzpipinque* si eran mujeres.

Al hablar de influjos no puedo pasar por alto la mención de un grupo específico de médicos y manipuladores de la naturaleza, que eran aquéllos a quienes escogía y llamaba Tláloc mediante la caída de un rayo. En la actualidad existen y son conocidos como "graniceros". La herida producida por el rayo indicaba ya el llamado del dios, pero cuando no sanaba de manera normal era una indicación más de lo que el dios quería, curando milagrosamente en el momento en que el individuo reconocía el llamado y estaba dispuesto a servir de vehículo al dios para beneficiar a su pueblo.

A partir de ese momento sufría un proceso de iniciación durante el cual tenía que vivir por un tiempo en el cielo de los dioses de la lluvia y conocer todo lo que allí pasa: cómo se origina la lluvia, cómo los rayos, de dónde vienen el granizo y los vientos... Regresan convertidos por poderes *chamánicos,* con habilidad para atraer lluvias, vientos y granizos a la parcela de quien deseen, o de alejarlos de ella. Podían actuar como curanderos, pero en especial de enfermedades crónicas o graves y preferentemente de las causadas por los dioses de la lluvia. Hoy en día usan conjuntamente técnicas mágicas, elaborados rituales y plantas medicinales.

Por otra parte no existe evidencia de que entre los nahuas, como sucede en tantos otros pueblos del mundo, la presencia de anomalías físicas fuera indicativa de que un individuo tuviese poderes curativos. Algunos seres, como los albinos, eran considerados de naturaleza excesivamente fría y eran sacrificados a los dioses en ocasiones especiales, pero nada mencionan las fuentes acerca de sus poderes para curar.

Tenemos entonces que existían en la época prehispánica dos tipos principales de médicos: uno que conocía las técnicas para curar y las teorías acerca de la enfermedad y pertenecía a un grupo de artesanos calificados, y otro que cumplía con funciones religiosas como actividad básica y sólo secundariamente se ocupaba de los problemas de salud.

Ahora bien, ¿qué hacían estos médicos?, me referiré solamente a los primeros. *Ticitl* significa médico, como ya he señalado, pero también adivino, decidor de presagios y venturas, encantador, hechicero, partera. . . Es seguro que el uso de rituales y de encantamientos estaba incluido en la educación profesional de cualquier médico prehispánico.

Cuando el padre Sahagún hablaba del médico hábil y lo contraponía al inhábil, en lo tocante a su eficiencia, o como *ticitl* contra *tacatecolotl* en cuanto a su intención de beneficiar o dañar, aplicaba como lo he dicho, criterios europeos que no eran válidos de ninguna manera para el indígena mexicano. El buen médico prehispánico debía manejar tan hábilmente sus técnicas para exorcizar malos espíritus como las operatorias.

Definiendo al *ticitl*, los médicos indígenas de Tlatelolco que informaron a mediados del siglo XVI a Sahagún, decían que tenía que ser un curandero experimentado, conocer los secretos de la medicina, curar a los enfermos, conocer bien las plantas medicinales; saber concertar los huesos rotos o dislocados, sangrar, purgar, cortar y suturar. . . cuidar las úlceras y la gota, curar las enfermedades de los ojos y cortar las carnosidades que salen de ellos.

Todo esto podía ser muy parecido a lo que hacían los médicos europeos, pero lo que significaba para unos y para otros podía ser totalmente diferente. Tomemos como ejemplo algunas acciones características de ambas medicinas que podrían ser comunes y aclaremos su sentido, aun a riesgo de repetir lo que ya he dicho al hablar del concepto de enfermedad que tenían los médicos nahuas.

Me referiré en primer término al uso de las purgas. Todos los documentos del siglo XVI coinciden en prescribir purgantes para un sinnúmero de padecimientos, incluyendo esto tanto a médicos indígenas como europeos. Aún más, una buena parte de las sustancias medicamentosas que fueron incorporadas por los europeos en su terapéutica, lo fueron debido a sus propiedades purgantes. Esto es comprensible si pensamos que ambos sistemas tomaban como punto de partida para entender la enfermedad la existencia de alteraciones funcionales que habían sobrepasado ciertos límites tolerables, y que éstas se manifestaban muchas veces por retención o exceso de ciertas sustancias corporales. Hasta aquí la semejanza básica, pero cuando preguntamos de qué sustancias se trataba, el médico europeo respondería que de bilis amarilla, melancolía, flema y hema, mientras el *ticitl* se referiría a los distintos tipos de *aláhuac*, término traducido como flema en el siglo XVI, pero que no tenía nada que ver con las características atribuidas a este humor en la medicina hipocrática. Vemos pues cómo el hacer lo mismo no significa pensar en lo mismo, situación muy importante y que no debemos de perder de vista al estudiar dos sistemas médicos diferentes, cuando nos encontramos frente a semejanzas que parecen obvias pero que tal vez sean muy superficiales en realidad.

Algo similar podría afirmarse de las sangrías, muy frecuentes en el México prehispánico al igual que en la medicina europea del momento. Quiero hacer notar que dije en el México prehispánico y no en la medicina del México prehispánico, ya que fundamentalmente estaban encaminadas a ofrecer un sacrificio a los dioses o cumplir con un acto ritual y sólo secundariamente tendrían un significado médico a través de la propiciación de las deidades. En Europa la sangría iba dirigida a extraer los humores sobrantes. Es un hecho que existía entre los nahuas un personaje, el *Teitzminqui,* cuyo quehacer era llevar a cabo las sangrías, pero desgraciadamente nada sabemos acerca de su identidad, su formación ni sus relaciones con los médicos.

El *ticitl* practicaba tanto la medicina como la cirugía, debiendo conocer bien tanto los secretos de la herbolaria como los procedimientos quirúrgicos accesibles; esto en marcado contraste con el cirujano europeo, quien hasta el siglo XVI, en que empezó a hacer estudios formales y poco a poco fue igualándose en conocimientos con el médico, había sido simple ejecutor de las prescripciones de éste. Es quizá significativo que solamente en los vocabularios de la segunda mitad del siglo XVI aparezca la palabra *texoxotla ticitl* designando al cirujano. Tal vez esto se deba a que sólo entonces cuando se le contrastó con la realidad europea recién importada a Nueva España, fue necesario diferenciarlo, ya que para los indígenas la palabra *ticitl* abarcaba ambas actividades, la médica y la quirúrgica, y si se generaba alguna especialización sería más por habilidades que por cumplir con una definición.

Sahagún, en sus descripciones del *ticitl* y la *ticitl,* habla indistintamente de actividades médicas y quirúrgicas, pero distingue perfectamente a las que caían dentro de los quehaceres del uno y de la otra. Tratar las heridas, las luxaciones y las fracturas, suturar, efectuar cirugías a fin de reponer la nariz o la oreja cercenadas reimplantando las mismas o haciendo unas postizas, son actividades que relaciona con el hombre. La atención de los partos y la embriotomía, el tratamiento de las úlceras, la cirugía ocular, los masajes, eran en cambio actividades propias de la mujer.

Todo un grupo de procedimientos quirúrgicos se relacionaba con la extracción real y simbólica de objetos que mágicamente eran considerados causas de enfermedad. Como ya esos objetos podían llevar en sí mismos la enfermedad a manera de proyectiles, o bien podían ser cargados con ella. Sin embargo, el hecho que ante cualquiera de estas posibilidades, lo mejor y más racional era extraer el proyectil y, de preferencia, la enfermedad. Gusanos, pedazos de papel, de piedra o de hueso podían personificar el mal y estar ocultos en cualquier parte del cuerpo ameritando la realización de masajes, punciones, escarificaciones y aun cirugía extirpativa más amplia para eliminarlos del organismo. Una parte, creo yo, bastante importante de las actividades del *ticitl* que practicaba la cirugía debió haber sido de esta índole de la "cirugía mágica".

Casi cualquier tratamiento incluía una o varias acciones mágicas, las que orientadas según una perspectiva europeizante llevaron a la definición que hace el padre Sahagún del "mal médico": supersticioso, hechicero hábil capaz de dañar y matar, ignorante y poco diestro —diríamos en la práctica de la medicina científica, es decir de aquélla que excluía a los dioses, los peces sobrenaturales y las ideologías y creencias indígenas—; definición de carácter ético que incluye todo lo que no era incorporable a la medicina europea y que pudiera relacionarse con la idolatría y la superstición que debía perseguir el misionero. Si juntamos las definiciones del buen y el mal médico y al arte de curar a través del conocimiento de sustancias y técnicas, añadimos el arte de reconocer los entes sobrenaturales causantes de la enfermedad, y el de usar con propiedad hechizos y conjuros, tendremos una imagen más real del *ticitl*.

Entre los requerimientos mínimos necesarios para

ser médico en el mundo náhuatl estaban incluidos, además del conocimiento de las plantas medicinales y de cómo prepararlas, el conocer y poder hablar el lenguaje de los espíritus —llamado *nahuallatolli*—, las diferentes enfermedades causadas por brujería y la manera de curarlas y de producirlas, la conducta, preferencia y funciones de las entidades anímicas y de los seres sobrenaturales, y, tipos específicos de curanderos, como los *nahuales* debían conocer los cielos y el inframundo y tener la capacidad de transformarse en cualquier otro ser; otros, los *payni,* debían poder moverse en cualquiera de los niveles de la realidad sobrenatural inaccesibles al hombre común y corriente.

Este conocimiento del mundo sobrenatural, la capacidad para ir a él y regresar salvo, el conocimiento del lenguaje de los espíritus, poder ver el pasado y, a veces, vislumbrar el futuro nos ubica en el mundo del éxtasis, del *chamanismo,* el cual existía entre los antiguos pueblos mesoamericanos, nahuas en lo que a nuestro tema se refiere.

Nos queda una pregunta: ¿existían especialistas? Algunos historiadores de la medicina náhuatl han afirmado la existencia de ellos basándose en que había términos que los nombraban desde el siglo XVI. Se ha mencionado que había oculistas, especialistas en enfermedades de los oídos, en concertar huesos, etcétera. Pienso que expresar tan simplemente esta situación y sacar conclusiones al vapor es muy riesgoso y nos conduce a proyectar los hechos que observamos en nuestra propia medicina a otra cultura y otra época. Las fuentes escritas más antiguas nunca mencionan especialidades, sino enumeran las diferentes cosas o tipos de cosas que podría hacer un *ticitl,* refiriéndose a lo posible para cualquier *ticitl.* Creo que las diferencias entre uno y otro estarían dadas más por sus habilidades particulares o por los tipos de problemas más frecuentes en medios o situaciones asimismo particulares que por una formación suplementaria tendiente a especializar. Nos queda una interrogante, la existencia de "hueseros", de individuos especialmente diestros en reducir fracturas y luxaciones y que en el estudio de comunidades indígenas actuales se manifiestan como "especialistas" que no trabajan otros campos de la medicina; pero en los documentos antiguos no son mencionados por separado, sino incluyendo el arte de concertar huesos entre lo que hacían los médicos.

Visto en esta perspectiva, el problema de la existencia de especialidades debe ser sustituido por la existencia de habilidades individuales o fomentadas en ciertos grupos de individuos, en tanto que si queremos hablar de los verdaderos especialistas en la medicina náhuatl tendríamos que referirnos a los *payni,* a los hechiceros, los adivinos, los pronosticadores, los intérpretes de sueños, los astrólogos, todos ellos personajes que han sido sistemática e injustificadamente excluidos de los estudios acerca de los médicos y la medicina nahuas.

No obstante estar provisto de atributos sobrehumanos, el *ticitl* continúa siendo representativo de los valores encarnados por el hombre: conocimiento, sabiduría, responsabilidad social. Sin embargo, está en el cruce de caminos entre lo natural y lo sobrenatural. El hace diagnósticos y aplica técnicas para curar, y al mismo tiempo es quien obtiene el perdón de los pecados y lucha al lado del enfermo contra los espíritus que le causan o pueden causarle enfermedad. Autoridad y compañero, capaz de curar y proteger tanto como de enfermar y causar daño.

Si dejamos de lado a los médicos-sacerdotes, el *ticitl* fue el depositario del conocimiento ancestral transmitido oralmente de generación en generación; artesano altamente calificado vivió una vida tradicional dentro de los muros de su propio barrio y protegido por sus dioses tutelares desempeñando un trabajo tal vez rutinario. A la vez era el dueño de la clave para interpretar el lenguaje de lo trascendente, como *tlaciuhquí*, como *payni*, como *nahualli*, hablaba a los dioses, traducía los signos celestes, controlaba a los espíritus. Era el hombre del centro, el lugar específicamente humano del que brotaban consejos y orientaciones vitales para toda clase de actividades de la vida social.

CONCLUSIONES

Hemos hecho un recorrido a través de los aspectos principales de la medicina náhuatl en lo concerniente a las creencias acerca de la enfermedad, los tratamientos empleados en ellas, las características y la formación del médico.

En todo lo anteriormente expuesto el lector habrá advertido con seguridad la absoluta congruencia entre los contenidos ideológicos concernientes a los conceptos vigentes entonces sobre la enfermedad y su clasificación, los elementos terapéuticos empleados, las características y forma de actuar de los médicos y la visión del mundo. Esto es fundamental para el éxito de cualquier práctica médica en cualquier cultura.

Al estudiar las medicinas de otras culturas o de otras épocas no debe perderse de vista esta situación. No tenemos derecho a juzgar su atraso o adelanto científicos, ya que por lo regular esto significaría imponerle valores extraños a ellas y que por lo tanto carecerían de significado. La labor del historiador consiste en poner de relieve los hechos que le parecen importantes, pero debe hacerlo siempre desde dos ángulos diferentes: importantes en relación en los problemas de su propio tiempo que él como individuo que vive dentro de un contexto cultural, refleja por una parte, e importantes para los integrantes de la cultura estudiada. En el presente estudio he tratado de destacar preferentemente datos significativos para la comprensión de la medicina náhuatl en su propia y particular identidad, en la idea de que sin este paso previo es imposible tener una perspectiva adecuada de los logros que obtuvo, de los problemas que no pudo resolver y de los cuestionamientos que ambos generan en nosotros.

La congruencia que presenta la medicina con respecto a las otras áreas de la cultura y las profundas raíces que la hacen heredera de toda una tradición mesoamericana para entonces ya milenaria, le dieron un profundo arraigo en las mentes de quienes la practicaron y recibieron sus beneficios. La identificación conceptual de médicos y pacientes y por ende, la utilización de un lenguaje común y la comunicación subsecuente, rindieron frutos. Estos consistieron fundamentalmente en la participación activa de ambos en el acto terapéutico y en la confianza que el paciente podía depositar plenamente en un profesional que, además de conocer su oficio, lo entendía y se hacía entender de él. No puedo dejar de referir como contrapartida el temor que el médico podía respetar dada su capacidad para provocar males, aun cuando ésta pudiera ser empleada como un medio represivo para orientar la conducta social, lo que en ciertos momentos históricos llegó a representar, como sucedió durante la colonia, un mecanismo para aumentar la cohesión del grupo fuertemente amenazado por la imposición de los nuevos patrones culturales europeos.

El resultado de esta congruencia y de sus consecuencias sociales fue que, al ser destruidas las culturas indígenas, su medicina, puesta en entredicho al ser convertida por definición jurídica en curanderismo, se afianzó tanto en las creencias de base que fueron matizadas con un barniz de cristianismo y entraron en cierta medida en el juego de la brujería europea, como en sus prácticas que infinidad de veces constituyeron el único recurso médico accesible aun para la población europea. Un médico español, Diego Cisneros, afirmaba por 1618 que todos los indios y casi todos los europeos se curaban mediante este tipo de medicina, no obstante lo irracional, decía él, de sus prácticas.

La supervivencia de esta medicina, fragmentaria en la mayoría de los casos y modificada por la inclusión de medicamentos europeos y de algunos conceptos galeno-hipocráticos, marca tanto el arraigo como la representatividad del sistema médico en cuanto al conjunto de la cultura. Hoy por hoy, y el problema se troca entonces de histórico en antropológico, se encuentra una muy buena cantidad de los tratamientos prescritos por los *titici* nahuas en uso constante por parte de terapeutas actuales, tanto en comunidades rurales indígenas y mestizas, como entre las poblaciones urbanas, existiendo en estas últimas una fuerte connotación de clase. La medicina náhuatl es pues el núcleo de la medicina tradicional del México moderno.

Volvamos al punto de su racionalidad o irracionalidad, esta última de la que la han acusado repetidas veces importantes personajes surgidos del mundo de la medicina occidental, aun contra la opinión —tampoco justa— de eminentes historiadores de la medicina que quieren a la fuerza ver en ella al precursor de los modernos esquemas patológicos-lesionales. Definitivamente no se puede, de acuerdo con las más recientes investigaciones, desvirtuar la realidad histórica para afirmar que la medicina náhuatl fue una medicina científica. Esto no obsta para que se le reconozca la profunda observación de los fenómenos patológicos y de las acciones de los más variados tipos de sustancias accesibles, las cuales fueron empleadas como medicamentos siguiéndose siempre estrictos criterios, también de observación basados en la constatación de los efectos benéficos esperados.

El método de prueba de una medicina por acierto y error después de una observación casual o de un indicio cualquiera, siempre y cuando éstos posean cierta garantía en cuanto a sus posibilidades de certeza, ha sido el único método válido empleado por todos los pueblos hasta la aparición de tecnologías más rebuscadas que han abierto las puertas al trabajo de laboratorio y a través de él, al método experimental. Desde el punto de vista de la ciencia moderna, podríamos decir que la medicina náhuatl estaba en el subdesarrollo tecnológico, pero nunca afirmar que fue irracional.

Ahora bien, con esto también cometeríamos grave error: no es adecuado juzgar un logro cultural desde el interior de otra cultura y en un tiempo histórico totalmente diferente. Si comparamos tecnológicamente a la medicina náhuatl con sus contemporáneas europeas y del Cercano Oriente, la imagen sería muy diferente, ya que entonces resulta que el grado de avance a ese respecto era muy similar, lo que permitió que durante los primeros años del contacto entre Europa y América los médicos indígenas llenaran exitosamente las necesidades de atención que demandaban los nuevos pobladores. Sin embargo restaba un problema. Los españoles que llegaron a las reconstruidas ciudades mexicanas podían disfrutar los beneficios de un tratamiento, pero no coincidir en las creencias subyacentes. Por ejemplo, podían entender bien que la posesión por Tezcatlipoca era un tipo de posesión demoníaca, pero nunca que pudiera conferir características de respetabilidad al individuo que la sufría; ni podrían aceptar la falta de definición moral radical entre lo bueno y lo malo, en lugar de preguntar —como en tantos otros exponentes de culturas mágico-religiosas— bueno o malo ¿para quién? Conste que ya salimos del terreno de la ciencia y sus pretensiones de objetividad para entrar en el campo de lo creencial.

Con esto quiero decir que todo intento sistematizado de indagación e interpretación de la naturaleza merece ser examinado con atención y respeto antes de emitirse juicios tan radicales como el de irracionalidad o racionalidad, que al fin y al cabo no importan, ya que no expresan otra cosa que la inconformidad del observador con el sistema observado. Lo que importa en realidad es la congruencia e hilación internas del sistema, su capacidad para responder a preguntas surgidas de la consideración del mundo de los fenómenos y su correspondencia con la realidad social que lo produjo. En este sentido la medicina náhuatl, mágica, íntimamente relacionada con sus dioses a la vez que profundamente conocedora de una naturaleza exuberante, lidiando con una patología variada mediante recursos asimismo múltiples, respondía adecuadamente al reto que le planteaba su mundo, el mundo en el que se desarrolló. ¿Hacia qué rumbo se dirigía? No lo sabemos. Solamente puede afirmarse que en el momento del contacto con Europa, que es del que hay documentación, da la impresión de que se desarrollaba una fuerte tendencia de clasificación de la naturaleza y dentro de ella, de los padecimientos y los medicamentos al lado de intentos filosóficos, y que es seguro que en el curso de unos años ambos obligarían a plantear nuevas problemáticas y soluciones. Pero eso ya es terreno para lucubraciones. Respuesta al problema concreto de resolver las alteraciones de la salud, la medicina náhuatl se constituye en una manifestación cultural de primera magnitud, testimonio de lo que nuestros antepasados prehispánicos lograron y fuente de estudio y conocimiento para las generaciones futuras.

Bibliografía

ACOSTA, Joseph de. Historia Natural y Moral de las Indias en la que trata de las cosas notables del cielo, elementos, metales, plantas y animales dellas, y los ritos y ceremonias, leyes y gobiernos de los indios. México. Fondo de Cultura Económica. 1962.

AGUIRRE BELTRÁN, Gonzalo. Medicina y Magia. El proceso de aculturación en la estructura colonial. México. Instituto Nacional Indigenista. 1963.

ALFARO, R. Del cihoapatli o zoapatle. Gaceta Médica de México. II, 1866, 47-48.

ALTAMIRANO, Fernando. Catálogo explicado de las plantas citadas en la obra del Dr. Hernández. Anales del Instituto Médico Nacional. México. 1896.

ALVA IXTLIXÓCHITL, Fernando de. Obras Históricas. 2 Vols. México. UNAM. 1975-1977.

ALVARADO TEZOZÓMOC, Hernando. Crónica Mexicana. Ed. Leyenda. México. UNAM. 1975-1977.

BENAVENTE, Fr. Toribio. Memoriales. México. UNAM. 1971.

BORAH, WOODROW y COOK S. Essays in Population History. 3 vols. Berkeley. Los Ángeles. 1971-1979.

BUSTAMANTE, Miguel E. Notas sobre enfermedades posthispánicas en México: el paludismo. Boletín de la Oficina Sanitaria Panamericana, LXIII, 3, sept. 1967. 204-211.

CALDERÓN, Guillermo. Conceptos psiquiátricos en la medicina azteca, contenidos en el Códice Badiano, escrito en el Siglo XVI. Rev. de la Facultad de Medicina. VII, abril, 1965, 229-240.

CLAVIJERO, Francisco Javier. Historia Antigua de México. México. Ed. Porrúa. 1964.

CÓDICE MAGLIABECHIANO. CL. XIII (B.R. 232) Biblioteca Nazionale Centrale di Firenze, ed. facs. Graz-Austria, Akademische Druck-u. Verlagsanstalt. 1970.

CÓDICE CAROLINO. Estudios de Cultura Náhuatl. VII, 1967, 11-58.

CÓDICE FLORENTINO (Florentine Codex). ed. Ch. Dibble y A. Anderson. 12 vols. Santa Fe, N. México. The School of American Research and The University of Utah. 1950-1969.

CÓDICE FLORENTINO, ed. facs. 3 vols. Florencia. 1980.

CÓDICE MATRITENSE DE LA REAL ACADEMIA DE LA HISTORIA. ed. facs. de Francisco del Paso y Troncoso, VIII. Madrid. Fototipia de Hauser y Menet. 1906.

CÓDICE MATRITENSE DEL REAL PALACIO. ed. facs. de Francisco del Paso y Troncoso. VII, Madrid, Fototipia de Hauser y Menet. 1906.

CÓDICE RAMÍREZ. México. Ed. Leyenda. 1944.

CÓDICE VATICANO LATINO 3738. ed. facs. Antigüedades de México. 4 vols. México. Secretaría de Hacienda y Crédito Público, 1964-1967.

COMAS, Juan. Influencia indígena en la medicina hipocrática. América Indígena, XIV, 1954, 327-361.

——. Principales aportaciones indígenas preocolombinas a la cultura universal. América Indígena. XVII, 1957, 39-85.

COOK, Sherburne. The incidence and significance of disease among the aztecs and related tirbes. The Hispanic America Historical Rev, Austin, Texas. XXVI, 1946, 320-335.

CORTÉS, Hernán. Cartas de Relación. México. Ed. Porrúa. 19.

COURY, Charles. La medicine de l'Amerique precolombienne. París. D'Acosta. 1973.

CRUZ, Martín de la, y JUAN BADIANO. Libellus de Medicinalibus Indorum herbis (Códice De la Cruz-Badiano). México. Instituto Mexicano del Seguro Social. 1964.

CHÁVEZ, Ignacio. México en la Cultura Médica. En México en la Cultura. México. SEP. 1946.

DÁVALOS, Eusebio. Alimentos básicos e inventiva culinaria del mexicano. México. SEP. 1960.

——. Investigaciones osteopatológicas prehispánicas en México. Congreso Científico Mexicano. Memorias de la Sección de Antropología Física. México. 1951.

——. La alimentación entre los mexicas. Revista Mexicana de Estudios Antropológicos. XIV, 1954. 193-218.

DELGADO, A. El maíz en la cultura prehispánica. Revista Artes de México, VII. 1962.

DERBEZ, J., PARDO, E., DEL POZO, E. Cihuapatli. Boletín del Instituto de Estudios Médico-Biológicos. México III, 1945. 127-139.

DÍAZ, José Luis. Índice y Sinonimia de las plantas medicinales mexicanas. México. IMEPLAM. 1976.

DÍAZ DEL CASTILLO, Bernal. Historia verdadera de la conquista de la Nueva España. Madrid. Instituto Gonzalo Fernández de Oviedo. 1982.

DIETSCHY, H. Médico y hechicero azteca. Los pecados y la enfermedad en el antiguo México. Actas Ciba. 1939, 9. 1-19.

DURÁN, Fr. Diego. Historia de las Indias de Nueva España. 3 vols. México. Ed. Nacional. 1961.

EDMONSON, M. S. (ed.) Sixteenth Centyry Mexico. The work of Sahagún. Alburquerque. University of New Mexico Press. 1974.

TAULHABER, Johanna. Anthropometry of living indians, en R. Wauchope. Handtook of Middle American Indians. Universsity of Texas Press. vol. VI. 95 y 55.

FERNÁNDEZ DEL CASTILLO, Francisco. Ixtlilton. El Médico, 6, 6 Sept. 1956.

——. La cronología y la medicina náhuatl. El Médico. 7-8, 11-12. Feb.-Abril 1958. 51-56.

——. La medicina de Tlatelolco y Fray Bernardino de Sahagún. Gaceta Médica de México 94:3, 1964, 217-229.

——. La medicina y los mitos aztecas. El Médico, noviembre 1955.

——. Tezcatlipoca. El Médico. 615. Agosto. 1956. 84-86.

——. Tláloc. El Médico, 5, 10. Enero. 1956. 16, 104.

——. Tlazoteotl. El Médico, 6, 2. Mayo. 1956. 16-20.

——. Tzapotlatena. El Médico, 5, 12. Marzo. 1956. 14.

——. Zipetotec. El Médico, 6, 1. Abril. 1956. 8-10.

FLORES, Francisco A. Historia de la medicina en México. 3 vols. México. Oficina Tip. de la Secretaría de Fomento. 1886-1888.

FOSTER, George M. Hippocrate's Latin American Legacy: "Hot and cold', in contemporary Folk Medicine. Colloquia in Anthropology R. K. Wetherington, ed. Dallas, Texas, Southern Methodist University. 1978, II 3-19.

GARIBAY, K. Ángel María. Huehuetlatolli. Documento A. Tlalocan I, 1943. 1-a, 31-53, 81-107.

——. Paralipómenos de Sahagún, Tlalocan, II, 2-3, 1946-1947, 164-174, 135-254.

——. Poesía náhuatl. 3 vols. 1964-1968. UNAM. México.
GARZA, Mercedes de la. El hombre en el pensamiento náhuatl y maya. México. UNAM. 1978.
GENOVÉS, Santiago. Algunos aspectos antropológicos de las malformaciones congénitas. Anales de Antropología, XVI, 1979. 440-456.
——. Anthropometry of late prehistoric remains, en R. Wauchope. Handbook of Middle American Indians. 16 vols. Texas University Press. V. XI.
GERSTE, A. Notes sur la medicine et la botanique des anciens mexicains. El Vaticano, 1909.
GONZÁLEZ TORRES, Yólotl. El concepto de tona en el México antiguo. Boletín INAH. 19, 2a. época, oct.-dic. 1976. 13-16.
GORTARI, Eli de. La ciencia en la Historia de México. México. Fondo de Cultura Económico. 1963.
HARNER, Michael. The ecological basis for aztec sacrifice. American Ethnologist, IV. 1, february. 1977. 117-135.
HARVEY, Herbert R. La salud pública en la sociedad azteca. Rassegna. III, 1982, 2. 49-56.
HERNÁNDEZ, Francisco. Historia Natural de Nueva España. 2 vols. en Obras Completas. México. UNAM, 1959. II y III.
HOBGOOD, J. El curandero en esplendor de México Antiguo. 2 vols. México. 1959. 861-876.
JAEN, Ma. Teresa y S. LÓPEZ, Alonso. Algunas características físicas de la población prehispánica de México en Antropología Física. Época Prehispánica. México. SEP-INAH. 1974. 113-135.
JAEN, Ma. Teresa. Paleopatología Prehispánica. Anales de Antropología XIV. 1977.
JOST, Marc. La medicina precortesiana. Laboratorios Roussel. México. 1952.
KEEN, Benjamín. The aztec image in western thought. N. Brunswick. Rutgers University Press. 1971.
KRICKEBERG, Walter. El baño de sudor de los indios. Actas Ciba. 1944. 7-8. 211-226.
LEÓN, Nicolás. La obstetricia en México. México. 1910.

LEÓN PORTILLA, Miguel. Ritos, sacerdotes y atavíos de los dioses. México. UNAM. 1951.

——. Los antiguos mexicanos a través de sus crónicas y cantares. México. Fondo de Cultura Económica. 1961.

——. La filosofía náhuatl estudiada en sus fuentes. México. UNAM. 1960.

LÓPEZ AUSTIN, Alfredo. Algunas ideas acerca del tiempo mítico entre los antiguos nahuas. XIII. Mesa Redonda de la Sociedad Mexicana de Antropología. México. 1975. 189-208.

——. Augurios y abusiones. Introd. versión y notas de. México. UNAM. 1969.

——. Cosmovisión y medicina náhuatl. Estudios de Etnobotánica y Antropología Médica. C. Viesca, ed. IMEPLAM. México. I, 1976. 13-28.

——. Cuerpo humano e ideología. 2 vols. UNAM. México. 1980.

——. Cuarenta clases de magos en el mundo náhuatl. Estudios de Cultura Náhuatl. VII. 1967. 87-117.

——. De las enfermedades del cuerpo humano y de las medicinas contra ellas. Estudios de Cultura Náhuatl. VIII. 1969. 51-122.

——. De las plantas medicinales y otras cosas medicinales. Estudios de Cultura Náhuatl, IX. 1971. 125-230.

——. Descripción de medicinas en textos dispersos del libro XI de los Códices Matritense y Florentino. Estudios de Cultura Náhuatl XI. 1974. 45-136.

——. Hombre-dios. Religión y política en el mundo náhuatl. México. UNAM. 1973.

——. Los temacpalitotique. Profanadores, brujos, ladrones y violadores. Estudios de cultura náhuatl. VI. 1965. 97-117.

——. Sahagún's work and the medicine of the ancient nahuas: possibilities for study en Munro Edmonson, ed. Sixteenth Century Mexico: The work of Sahagun. Albuquerque University of New Mexico Press. 1974. 205-224.

——. Salutaciones a los enfermos en idioma náhuatl. Doctor Francisco Fernández del Castillo. 50 años de vida profesional. México. UNAM. 1973. 91-104.

——. Textos acerca de las partes del cuerpo humano y medicinas en los Primeros Memoriales de Sahagún. Estudios de Cultura Náhuatl X. 1972. 129-154.

——. Texto de Medicina Náhuatl. México. SEP. 1971.

LÓPEZ DE LA PEÑA, Xavier. Medicina náhuatl. México. Ed. Medicina Familiar. 1983.

MARTÍNEZ CORTÉS, Fernando. Las ideas en la medicina náhuatl. México. La Prensa Médica Mexicana. 1965.

MARTÍNEZ, Maximino. Las plantas medicinales de México. México. Ed. Botas. 1944.

MATOS, Eduardo. La parálisis facial prehispánica. México. INAH. 1970.

MATOS, Eduardo y VARGAS, Luis A. Anomalías del pie en murales y códices prehispánicos. Anales de Antropología. IX. 1972. 95-104. UNAM.

——. Relaciones entre el parto y la religión mesoamericana. XII Mesa Redonda. Sociedad Mexicana de Antropología. México. 1972. 395-398.

MOLINA, Fray Alonso de. Vocabulario en lengua castellana y mexicana. Ed. facs. México. Ed. Porrúa. 19.

MORENO DE LOS ARCOS, Roberto. Los cinco soles cosmogónicos. Estudios de Cultura Náhuatl. VII. 1967. 183-210.

NATALL, Zelia. Los jardines del antiguo México. Boletín de Historia. México. 1956.

OCARANZA, Fernando. Historia de la Medicina en México. México. Laboratorios Midy. 1934.

OLAVARRIETA, Marcela. Magia en Los Tuxtlas, Veracruz. México. Instituto Nacional Indigenista. 1977.

ORTIZ DE MONTELLANO, Bernard. Empirical aztec medicine. Science 188, 18 abril, 1975. 215-220.

——. The scientific basis for aztec treatment of wounds. Estudios de Etnobotánica y Antropología Médica. III, 1978. 145-154.

——. Aztec cannibalism: An ecological necessity? Science, 200 may, 1978. 611-617.

——. The rational causes of illinesses among the aztecs. Actes du XLIIe Congress International des Americanistes. París, 1978. VI.

PARSONS, Leffrey R. Prehistoric Settlement Patterns in the Texcoco region. Ann Arbor, Mich. University of Michigan Press. 1971.

——. The development of a Prehistoric Complex Society: A regional perspective from the Valley of Mexico. Journal of field Archaeology I. 1974. 81-108.

PEÑA, I. de la y C. Viesca. La terapéutica de las enfermedades mentales en el Códice Badiano. Estudios de Etnobotánica y Antropología Médica. C. Viesca, ed. II. 1977. 21-26.

——. Vida, enfermedad y muerte a través de los cantos y poesías nahuas. Actes du XLIIe Congrés International des Americanistes. París. 1978. VI. 271-278.

PÉREZ DE TEJADA, G. La medicina en esplendor de México Antiguo. 2 vols. México. 1959. 211-220.

POMAR, Juan Bautista. Relación de Tezcoco. Ed. Ángel María Garibay. Poesía Náhuatl. 3 vols. México. UNAM. 1964-1968.

PONCE DE LEÓN, Pedro. Tratado de los dioses y ritos de la gentilidad en teogonía e historia de los mexcianos. Tres opúsculos del siglo XVI. Ed. Ángel María Garibay. México. Ed. Porrúa. 1965.

POZO, Efrén del. Estudios farmacológicos de algunas plantas usadas en la medicina azteca. Boletín Indigenista. México. 1946. 350-364.

——. La botánica medicinal indígena de México. Estudios de Cultura Náhuatl. V. 1965. 57-73.

QUEZADA, Noemí. Amor y magia amorosa entre los aztecas. Supervivencia en el México Colonial. México. UNAM. 1975.

——. Creencias tradicionales sobre el embarazo y el parto. Anales de Antropología. XIC. 1977. 307-326.

RELACIONES GEOGRÁFICAS DE LA DIÓCESIS DE MÉXICO. En Papeles de Nueva España publicados por Francisco del Paso y Troncoso. VI. Madrid. Est. Tip. Suc. de Rivadeneyra. 1905.

RUIZ DE ALARCÓN, Hernando. Tratado de las supersticiones y costumbres gentílicas que hoy viven entre los indios naturales de esta Nueva España. . . en Jacinto de la Serna. Tratado de las idolatrías. . . 2 vols. México. Ediciones Fuente Cultural. 1953. II. 17-130.

SAHAGÚN, Fr. Bernardino de. Historia General de las cosas de la Nueva España. 4 vols. México. Ed. Porrúa. 1956.

SERNA, Jacinto de la. Manual de ministros indios para el conocimiento de sus idolatrías y extirpación de ellas, en J. de la Serna. Tratado de las idolatrías. 2 vols. México. Ediciones Fuente Cultural. 1953. I. 47-368.

SOMOLINOS D ARDOIS, Germán. El libellus de Medicinalibus Indorum Herbis, su significación. Gaceta Médica de México. XCIV:3. 1964. 211-216.

——. Symposio sobre el Códice de Medicina Azteca de Martín de la Cruz y Juan Badiano. Gaceta Médica de México. XCIC:12. 1964. 1171-1175.

——. Fuentes para el estudio de la medicina prehispánica. La Prensa Médica Mexicana. XXXI:3-4. 1966. 92-100.

——. Fascículos de Historia de la Medicina Mexicana. Vol. I. México. Sociedad Mexicana de Historia y Filosofía de la Medicina. 197.

——. Medicina Precortesiana. Tribuna Médica. XII:1. 1969. 22-23.

SANDERS, William T. Population, agricultural history and Social Evolution in Mesoamerica, en B. Spooner, ed. Population Grouth: Anthropological implications. Cambridge, Mass. MIT Press. 1972. 101-153.

SCHULTEES, Richard E. y Hoffmann, Albert. Las plantas de los dioses. México. Fondo de Cultura Económica. 1982.

SOUSTELLE, Jacques. La vida cotidiana de los aztecas. México. Fondo de Cultura Económica. 1956.

SUE, K. Clara. Aztec and European medicine in the New World. 1521-1560. En L. Romanicci-Rossi et. al eds. The Anthropology of medicine. Massachusetts. Bergin & Garvay Pub. Inc. 1983.

SULLIVAN, Thelma D. Pregnancy, childbirth, and the deification of the women who died in childbirth. Estudios de Cultura Náhuatl. VI. 1966. 62-96.

TORQUEMADA, Fr. Juan de. Monarquía Indiana. 6 vols. México. UNAM. 197.

VETANCURT, Fr. Agustín de. Teatro Mexicano. Ed. facs. México, Ed. Porrúa. 19.

VIESCA, Carlos. Ollin. Conceptos sobre la medicina prehispánica. Tesis. Facultad de Medicina. México. 1965.

——. Conceptos médicos contenidos en la Relación de Juan Bautista Pomar. Revista Médica del ISSSTE 4:4, nov.-dic. 1969. 619-623.

——. De la Peña. La cirugía en el Códice Badiano. Revista Médica del ISSSTE. 7:3, mayo-junio, 1972.

——. De la Peña. La magia en el Códice Badiano. Estudios de Cultura Náhuatl. XI, 1974. 267-301.

——. De la Peña. La enfermedad mental en el Códice Badiano. Estudios de Cultura Náhuatl. XII, 1976. 79-84.

——. Los psicotrópicos y la medicina de los gobernantes entre los aztecas. Estudios de Etnobotánica y Antropología Médica. II, 1977. 121-135.

——. La medicina tradicional mexicana. Sus raíces prehispánicas. Medicina tradicional. México, I:3, 1978. 43-48.

——. La relación médico-paciente en la sociedad azteca. Estudios de Etnobotánica y Antropología Médica. III, 1978. 223-231.

——. De la Peña. Las crisis convulsivas en la medicina náhuatl. Anales de Antropología. XV, 1979.

——. Mexica healer in the early sixteenth century, en Precolumbian syntheses. D. Kronick y Jacinto Quirarte, ed. San Antonio, University of Texas, en prensa.

——. La epidemia en Anáhuac en tiempos de Moctezuma I, en Antología de ensayos sobre la historia de las epidemias en México. E. Florescano y E. Malvido, eds. 2 vols. México. IMSS. 1981. I. 151-170.

——. La herbolaria en México Prehispánico en Estado actual del conocimiento en Plantas Medicinales Mexicanas. X. Lozoya, ed. México. IMPEPLAM. 1976. 11-26.

XIMENEX, Fr. Francisco. Cuatro Libros de la naturaleza y virtudes de las plantas medicinales. México. 1615.

WALCOTT, Emmily E. The Badianus manuscript, an aztec herbolary of 1552. Baltimore. The oJhn's Hopkins Press. 1940.

WASSON, G. R. M. Heim, R. Les champignons hallucinogenes du Mexique. Museé d'Histoire Natural. París.

Impreso en:
Impresora Múltiple, S.A. de C.V.
Saratoga No. 909 Col. Portales
03300 - México, D.F., Agosto 2000